하나가
되지 못하면

이길 수
없습니다

하나가
되지 못하면
이길 수
없습니다

민주주의자
김근태의 시대정신

김근태민주주의연구소 **최상명** 지음

푸른숲

그때 김근태가 있었다

김근태는 느리다.

그런데 김근태의 느림은 늘 훗날 역사적인 진보임이 밝혀진다.

1997년 최초로 제기한 국민경선제도 그랬고,

정치자금 양심 고백도 정치 개혁의 단초가 되었다.

김근태는 느린 게 아니라 신중했다.

모든 경우의 수를 고려하고, 마음 다치는 이 없도록

끝까지 배려하고 난 연후에 말했다.

차례

우리가 서로에게 때로는 왼발로 때로는 오른발로*

여러분, 그리고 김근태를 기억해 이 자리에 오신 모든 여러분, 안녕하십니까? 인재근입니다.

홍사단에 서니 감회가 새롭습니다.

30여 년 전 바로 이곳 홍사단에서 오늘의 '진실의힘 인권상' 수상자인 민주주의자 김근태와 결혼을 했습니다. 수배를 받던 시절이라 아들 병준이를 먼저 낳고 4개월쯤 되었을 무렵 결혼식을 올렸습니다. 그리고 우리 세 식구가 신혼여행을, 버스를 몇 번인가 갈아타

* 2012년 6월 26일, 고문 생존자들이 만든 단체 '진실의힘'은 '진실의힘 인권상' 2회 수상자로 김근태를 선정했다. 심사위원회 만장일치의 결과였다. 이 글은 인재근이 남편 김근태를 대신해 상을 받으며 발표한 '진실의힘 인권상' 수상 연설문이다. 인간 김근태, 그리고 정치인 김근태의 면면이 가장 잘 드러난 글이기에 서문을 대신해 수록한다.

고 공주 우금치로 다녀왔습니다. 마치 엄마 아빠에게 결혼 선물을 주듯 갓 백일이 지난 아들 병준이는 떼도 쓰지 않고 잘 울지도 않고 착하게 굴었습니다. 그렇게 인연을 맺고 30여 년 만에 다시 선 홍사단이지만 결혼식 때처럼 설렙니다. '진실의힘' 때문인가요. 오늘은 눈에 보이지 않을 뿐, 30년 전 그날보다 김근태가 더 강하게 느껴지고 더 가깝게 느껴집니다.

아마도 남편 김근태가 살아 있었다면 이 상을 받지 않았을 겁니다. 김근태는 늘 미안해했습니다. 반독재·민주화 운동 기간 동안 고문당하고 다치고 심지어 목숨을 잃은 분이 너무나 많은데 그분들에 비해 김근태 자신은 충분히 보상을 받았다고 생각했습니다. 그 분들에 대한 보상과 치유, 그리고 그분들을 둘러싼 잘못된 역사 바로잡기가 더디기만 한 것을 속상해했습니다. 그래서 주변에서 진실이 밝혀지고 보상을 받게 되는 일이 생길 때마다 너무나 기뻐했습니다.

김근태는 인권상보다도 '진실의힘'의 존재, 그리고 여러분과의 만남을 더 귀하게 여겼을 겁니다. 다른 것은 몰라도 김근태는 미안한 사람에게 미안하다고 말할 수 있는 진심과 용기를 가진 사람이었습니다. 고문 피해자 분들과 그 가족들이 지금까지 얼마나 고통 받았을까를 생각하며 미안해하고 마음 아파했을 겁니다. 그러고는 고문의 기억이 되살아나 며칠 몸살을 앓았겠지요. 바로 그것이 고문의 트라우마가 주는 고통이고 아픔입니다. 그렇게 고통스럽고 아프지만 서로 위로하고 격려하고 보살피고 배려하는 것, 그리고 함께 힘을 모아 스스로 치유와 변화를 만들어가는 것, 바로 이것이 '진실의힘' 아니겠습니까. '진실의힘'의 활동을 보고 직접 체험했다면 김근태는 너무나 자랑스러워하고 기뻐했을 겁니다. 김근태의 흐뭇한 미소와 믿음으로 일렁이는 눈빛이 이곳에 한가득 내리고 있는 것 같습니다.

길고 빼곡한 '진실의힘 인권상' 수상 이유를 보았습니다. 김근태와 인재근의 지난날에 크고 깊은 의미를 주셔서 정말 감사합니다. 그런데 수상 소감을 어찌할지 궁리를 할수록, 김근태가 '진실의힘 인권상'을 수상하고 이 상을 이곳 홍사단에서 인재근이 받아야 하는 이유를 더 찾으라는 시험문제를 받아 든 기분이었습니다. 오늘까지도 그 답을 다 찾지는 못했습니다. 비록 계속 답을 찾아야 하겠지만, 지금까지 제가 '진실의힘', 인권상, 김근태, 인재근을 화두로 삼고 생각한 바를 말씀드리고자 합니다.

고문과 '진실의힘'

저의 첫 번째 화두는 남편 김근태의 갑작스러운 소천(召天) 이후 인권상과 함께 찾아온 '진실의힘'은 과연 어떤 인연, 어떤 뜻일까 하는 것입니다.

작년에 민주주의자인 남편 김근태가 돌연 세상을 떠났습니다. 파킨슨병으로 고생을 해왔는데 뇌정맥혈전증이 갑자기 찾아왔고 고비를 넘기지 못했습니다. 저나 지인들, 심지어 의사마저도 예상치 못한 급작스러운 일이었습니다. 왜냐하면 파킨슨병으로 몸이 점점 굳어지긴 했어도 작년 여름까지만 해도 읽고 쓰기는 물론 말도 잘했고, 축구나 산책 같은 운동도 하고 민주대연합 관련 대외 활동도 활발히 했기 때문입니다. 그런데 가을에 갑자기 상태가 나빠졌고 끝내 회복하지 못했습니다. 문제는 바로 가을이었습니다. 남편은 가을만 되면 늘 며칠씩 심하게 앓았습니다. 고문을 당한 계절이 가을이어서, 고문의 계절이 되면 어김없이 몸살이 나고 옴짝달싹 못할 정도로 아팠습니다. 직접 겪어보지 못한 저로서는 감히 상상도 할 수 없었던 고통의 시간을, 정신력이 워낙 강한 데다 타고난 성품이 고운 사람이라서 짜증이나 화풀이 없이 혼자서 다 이겨냈던 것 같습니다. 몸이 다 부서졌다가 다시 조립되는 느낌이었겠지만 남편은 미소와 넉넉한 눈빛을 잃지 않았습니다. 그래서 저조차 남편의 고통과 상처를 점점 실감하지 못하게 됐던 것 같습니다. 남편이 떠나고 나서야 세상이 김근태의 인생과 파킨슨병에 주목하고 민주주의와 고문에 관심을 갖게 되었습니다. 정말 많은 분들께서 남편 김근태가 떠나는 길에 함께해주셨습니다. 민주주의와 인권의 이름으로 김근태를 기억하겠노라고 저를 격려해주셨습니다.

남편을 보내고 많은 분들이 김근태와 고문, 그리고 이근안에 대해 언급하는 것을 보며 저 역시 많은 생각을 했습니다. 무엇보다 파킨슨병을 여러 이유로 쉬쉬했던 점이 특히 후회스러웠습니다. 파킨슨병을 감추자 파킨슨병의 원흉인 고문 후유증도 감춰지고, 결국 고문을 국가나 사회가 아닌 개인 차원의 문제로 치부하고 말게 되었다는 것을 깨달았습니다. 그리고 고문의 개인적인 차원조차 김근태의 강한 정신력과 온화한 성품으로 인해 치유가 아닌 불편함의 인내 정도로 치부되었습니다. 그러나 마지막 병상, 그 깊이를 알 수 없는 고통의 한복판에서 눈을 껌벅거리며 무언가를 말하려고 하던 남편의 모습을 보면서, 사실은 고문이 김근태를 너무나 힘들게 했고 그의 몸과 정신을 거의 다 허물어뜨려놓았다는 것을 알게 되었습니다. 실상은 벼랑 끝에서 웃고 있는 것이었던 김근태의 용기와

절규를 가장 가까이 있던 아내조차 넉넉함과 부드러움으로 오해했던 것은 아닌가 싶어 문득문득 가슴이 찢어졌습니다.

김근태에게 진정 필요한 것은 고문으로 인한 상처의 치유였습니다. 강한 정신력과 천성이 고왔던 것과는 별개로 김근태도 사람이었습니다. 그래서 과거에 이근안을 만났어도 용서도 안 되고 치유도 안 되었던 것입니다. 그런 전문적이지 못한 즉흥적인 이벤트로 치유가 될 리 없었습니다. 고문을 직접 겪어보지 못했고 김근태의 인격을 높이 평가했던 주변 사람들의 제안으로 시작된 일이었지만, 고문은 이쯤 되면 용서할 만한 그런 것이 아니라, 깊은 연구과 관심 그리고 꾸준한 치료를 통해 치유되어야 하는 문제입니다. 그래서 함세웅 신부님이 고문치유센터에 대해 말씀하셨을 때 저는 빛을 보았습니다. 그리고 어떠한 형태로 고문치유센터를 만들 것인가를 고민하던 차에 '진실의힘'을 만나게 된 것입니다.

여러분, 늦어서 죄송합니다. 남편 김근태와 함께 은폐된 고문의 진실을 밝히고 현재와 미래의 고문을 막아내며 고문의 국가적, 사회적 치유에 좀 더 일찍 헌신했어야 했습니다. 하지만 늦은 게 아니라 지금이 시작해야 하는 때라고 생각하고 최선을 다하겠습니다.

김근태의 이름을 걸고 '진실의힘'과 함께 고문이 없는 나라, 고문의 상처가 없는 나라를 만드는 길에 매진하겠습니다. 그 출발은 바로 고문치유센터입니다. '진실의힘'과 김근태, 인재근이 만나게 된 이유를 저는 고문의 치유와 그에 대한 국가의 역할이라고 생각합니다. 이게 바로 제가 구한 첫번째 화두의 대답입니다.

두 번째 인권상의 의미

두 번째 화두는 두 번째 인권상의 의미입니다. 오늘, 국회의원이 된 인재근이 김근태의 이름으로 인권상을 대신 수상하고 있습니다. 그런데 '진실의힘 인권상'은 김근태와 저에게 두 번째 인권상입니다. 1987년 '로버트케네디 인권상'에 이은 두 번째 인권상은 어떤 의미인지 곰곰이 생각해보았습니다.

지난 총선 때의 일입니다. 출마를 하겠다고 하니 선거관리위원회에서 직업이 무엇인지 쓰라고 하더군요. 그래서 인권운동가라고 썼습니다. 그리고 선거 기간 내내 김근태와 함께 '로버트케네디 인권상'을 받은 인권운동가로 당당하게 나섰고 마침내 승리했습니다.

선거에 임하면서 인권에 대해 다시 생각을 정리해보았습니다. '로버트케네디 인권상'을 받던 1987년의 인권과 2012년의 인권이 다른 느낌으로 다가왔습니다. 국민소득 1만 불도 안 되는 20세기 군사독재 치하의 대한민국 인권과 국민소득 2만 불이 넘는, 21세기 민주화된 대한민국의 인권은 깊이 연결되지만 결코 같을 수 없습니다. 실제 역사적으로 인권은 발명되는 것이고 투쟁과 희생 속에 유지되고 발전하는 것입니다. 천부인권(天賦人權)이란 말도 오래전부터 있었지만 실제로 의미하는 내용은 전혀 달랐습니다. 서구에서 천부인권을 말하면서 오랫동안 노예제가 가능했던 것은 인권이 역사적인 산물이라는 것을 말해주는 좋은 사례입니다.

저는 선거에서 감히 "복지가 최고의 인권이다"라고 말했습니다. 20세기 '로버트케네디 인권상' 시대의 인권이 고문과 관련이 깊은 신체적, 정치적 자유와 평등이라면, 21세기의 인권은 20세기 인권에 더해 민주화와 경제성장의 토대 위에서 펼쳐지는 새로운 삶과 관련된 자유와 평등이어야 합니다. 그 자유와 평등을 위한 핵심 키워드이자 인권의 21세기 시대정신이 '복지'입니다. G20으로 잘나가는 것처럼 보이지만 양극화와 저출산·고령화·저성장이라는 그늘이 날이 갈수록 짙어지는 것이 오늘날의 대한민국입니다. 이러한

때에 복지야말로 양극화와 저출산·고령화, 그리고 저성장의 문제를 해소할 수 있는 좋은 처방입니다. 국내외 형편에 맞게 잘 고안되고 조절되는 복지는 절대 성장을 저해하지 않습니다. 오히려 국민도 국가도 경제적, 정신적으로 풍요롭고 넉넉해질 것입니다.

두 번째 화두인 '진실의힘 인권상'이 주는 의미는 계승과 발전입니다. 최근에도 학림사건*이 대법원에서 31년 만에 무죄판결을 받았습니다. 이처럼 우리에겐 여전히 밝혀야 할 진실이 많이 남아 있습니다. '진실의힘'과 수많은 분들을 괴롭힌 국가보안법은 여전히 존재합니다. 최근 통합진보당 사태와 맞물려 종북 논쟁에 이어 국가보안법까지 다시 만지작거리는, 시대를 역행하는 일이 벌어지려고 합니다. 그리고 이명박 정권에서 벌어지고 있는 언론 탄압과 현병철 인권위원장 연임 사태와 같이 인권의 후퇴와 퇴행에 맞서 단호히 지켜내야 할 것도 많습니다. 하지만 그와 동시에 복지를 통해 새로운 인권을 만들어야 합니다. '진실의힘'이 노력하고 있는 고문의 치유처럼 대한민국의 아픔과 상처를 복지로 치유해야 합니다.

---

* 1981년 군사 쿠데타로 실권을 장악한 전두환 등 신군부 세력이 민주화 세력을 탄압하기 위해 학생운동 단체 등을 반국가 단체로 몰아 처벌한 사건.

김근태 · 인재근의 소명

제가 국회의원에 당선되어 본격적으로 의정 활동을 시작하는 첫 달에 인권상을 수상하고 있습니다. 첫출발과 함께 '진실의힘 인권상'이 찾아온 것은 인재근이 누구보다 잘할 수 있고 인재근이 아니면 안 될 어떤 특별한 이유나 소명 같은 것이 있기 때문이 아닐까 하는 생각이 들었습니다.

김근태는 비전과 철학이 있는 정치인이면서 따뜻하고 섬세한 사람이었습니다. 그러나 대선 주자급 지도자로서 정치 활동을 해야만 했기에 그의 따뜻함과 섬세함이 정치적으로 꽃필 시간적, 공간적 여유가 적었습니다. 바로 그 시간과 공간이 이제 저 인재근 앞에 놓인 것이고 그 출발이 '진실의힘'이 아닐까 생각합니다. 20세기 인권운동가 인재근에서, 21세기에는 인권정치가, 복지인권운동가로 새롭게 출발하라는 하늘과 김근태의 뜻이라고 생각합니다. 그리고 국회의원 인재근의 소명이라고 생각합니다.

김근태는 "2012년을 점령하라"고 말했습니다.

그것은 2012년 대선에서 반드시 승리해, 소위 '2013년 체제'

를 만들라는 뜻입니다. 인권은 오랜 역사적 투쟁 속에서 발명되고 쟁취된 것이고 매우 정치적인 것이기 때문에 정치적인 상황에 크게 좌우됩니다. 지난 5년간 이명박 정권을 통해 우리는 한국의 인권 상황이 안정되거나 정착된 것이 아니라는 사실을 깨달았습니다. '진실의힘'이 가장 관심을 갖고 염려하는 고문 역시 정치적인 상황에 따라 크게 영향을 받을 수밖에 없습니다.

진실은 군사독재 시절에도 진실이었습니다. 그런데 그때는 '진실의힘'이 되지 못하고 왜 21세기가 되어서야 '진실의힘'이 될 수 있었겠습니까? 여러 이유가 있겠지만 무엇보다도 20세기와 21세기를 이어가는 고리에 1987년 민주화와 민주정부 10년이 존재했기 때문입니다. 2012년 겨울에 인권을 중시하는 정부, 차이를 인정하고 차별을 단호히 거부하는 정부, 복지를 통해 국민의 상처를 치유하고 국가에 활력을 불어넣고자 하는 정부, 지난 정부들의 반인권적인 행태와 잘못을 반성하고 치유하려고 애쓰는 정부를 세워야 합니다. 이것이 김근태가 소망했던 2012년이고, '진실의힘 인권상'을 제가 대신 수상하는 이유입니다.

맺는 말

이 자리를 함께해주신 '진실의힘' 여러분, 그리고 동지 동료 여러분, 감사합니다. 김근태가 영원한 민주주의자이듯, 저 인재근은 영원한 인권 지킴이입니다. 인권상을 통해 케네디 가문이 20세기 인권운동가 인재근에게 큰 힘이 되었듯이 '진실의힘'은 인권정치인 인재근에게 좋은 친구가 될 것입니다. 비록 미약할지라도 최선을 다해 '진실의힘'의 좋은 친구로 남을 것을 약속드립니다. 김근태와 저는 '진실의힘 인권상'을 통해 고문에 대한 진실과 치유, 그리고 인권의 지킴과 증진이라는 소명을 받았습니다. 그렇지만 그 소명의 길은 함께 가는 길입니다. 여러분과 함께하고 싶습니다. 우리가 걸어가는 진실의 길, 인권의 길, 그리고 세상에 힘이 되는 길에 언제나 김근태가 함께할 것입니다. 우리가 서로에게 때로는 왼발이 되고 때로는 오른발이 될 때 '진실의힘'도 영원하고 김근태도 영원할 것입니다. 감사합니다.*

인재근

---

* 인재근은 '진실의힘 인권상' 상금 전부를 창립 기금으로 삼아 고문치유센터(김근태 치유센터로 이름을 정하였다)를 세우는 데 박차를 가하고 있다.

1장

민주주의의 전선에서
우리는 무관심과 싸워야 한다

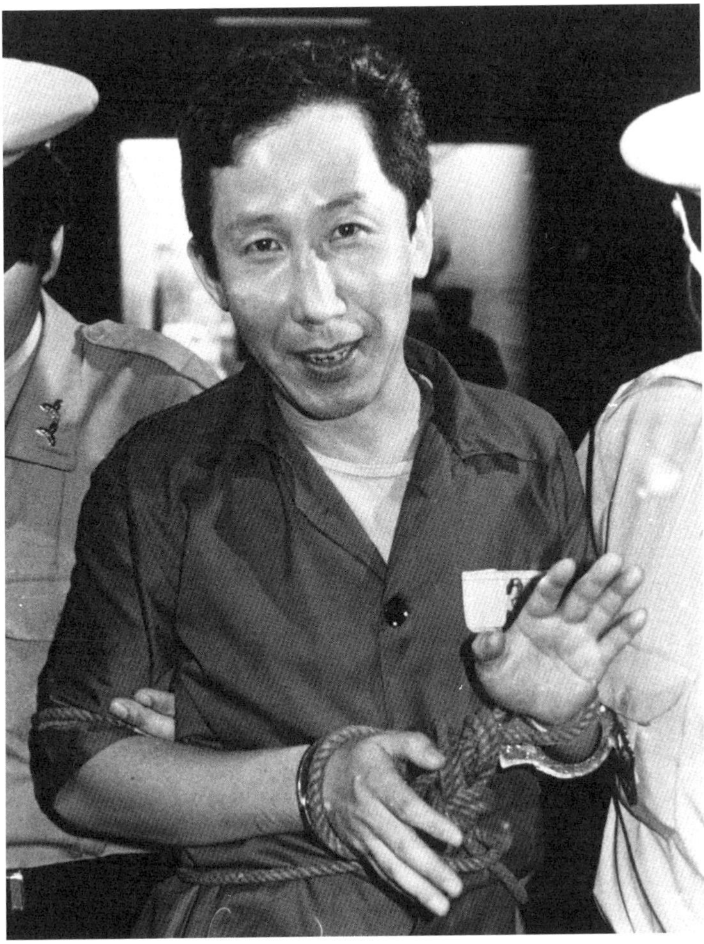

민주주의는
어렵다

인간의 가치는 그가 품고 있는 희망에 의해 결정된다

김근태가 세상을 떠난 뒤, '로버트케네디 인권센터'의 케리 케네디 대표는 서한을 통해 "저는 결코 김근태 선생을 잊을 수가 없습니다"라며 "인권 영웅이자 민주주의 투사, 노동운동 지도자, 지식인 운동 지도자인 김근태 선생은 극악무도한 폭력을 견뎌냈을 뿐만 아니라 감옥에서 풀어주는 대가로 그에게 자기 검열을 강제하려 한 정부의 은폐 기도를 거부했다"고 기렸다. 또한 "부패하고 폭력적인 군사독재 정권과의 타협을 단호히 거부한 일관성은 정의를 위해 일하는 모든 사람에게 희망을 주었다"고 평가했다. 이에 앞서 〈뉴욕 타임스〉는 "한국의 민주주의 운동가 김근태, 64세로 별세"라는 제목의 기사에서 김근태의 생애를 자세히 소개하기도 했다. 〈뉴욕 타임스〉는 그에 대해 "한국 민주화 운동의 상징적인 존재"라고 평가했다.

우리는 김근태를 민주주의자라고 부른다. 이는 그가 우리나라 민주화를 위해 투쟁하고, 고문받고, 정치인으로서 이룬 정치 개혁의 성과 때문일 것이다. 하지만 무엇보다도 그와 함께한, 그를 가까이에서 기억하는 이들이 그를 민주주의자라고 부르는 이유는 그가 민주주의를 자신의 삶으로 온전히 살아냈기 때문이다. 그에게 민주주의는 신념을 넘어서 평생 따라야 할 삶의 방식이었다.

2004년 2월 13일. 국회에서 이라크 추가 파병 결의안이 채택됐다. 반대하던 김근태 원내대표도 찬성표를 던졌다. 본회의장을 나오던 그에게 소회를 물었다. "소신은 다르지만 당론을 따를 수밖에 없었다"고 말할 줄 알았다.

"미안해."

김근태스러웠다.

_이기수, 〈경향신문〉, '아침을 열며 - 내 기억 속의 김근태'(2012.1.1)

이라크 추가 파병 결의안 통과 과정은 뼛속까지 민주주의자인 김근태의 모습을 단적으로 보여주는 사건이다. 2004년 2월 당시 이라크 추가 파병을 놓고 열린우리당은 심각한 갈등을 겪고 있었다. 미국의 부시 정권은 우리 정부에 전투병 파병을 요청했고, 우리 정부는 고심 끝에 파병하겠다는 의사를 밝힌 상태였다. 김근태는 당시 원내대표로 열린우리당의 평화적 입장에 따라 파병 반대를 분명히했다. 그는 어렵고 고통스럽더라도 미국과의 마찰을 최소화하면서 슬기롭게 파병을 거절할 방안을 찾아내려고 고민했다. 당시 열린우리당 의원들은 매주 두세 차례씩 모여 이 문제로 스무 번 넘게 난상토의를 벌였다. 김근태 원내대표 주재 아래 활발히 벌어진 당내 토론 분위기는 '깃발을 들고 나를 따르라' 식의 제왕적 정치 문화와는 사뭇 다른 장면이었다. 그러나 시일이 지날수록 청와대와 당 지도부, 일부 친노 인사들이 여당이 대통령을 난처하게 해서는 안 된다며 파병 찬성 당론을 강요, 압박했다. 심지어 김근태는 후배 친노 의원에게 윽박지름을 당하기도 했다.

투표 당일, 김근태는 "우리 당은 평화주의가 원칙이기 때문에 의원 개인의 소신과 원칙, 철학을 존중한다"고 밝혀 '권고적 당론'임을 시사했다. 당론 변경 건이 상정되자, 송영길 의원이 "권고적 당론이냐"며 강제 수준을 묻자, 정동영을 비롯한 당 지도부는 "김근태 원내대표의 발언 정도로만 생각해달라"고 말했다. 결국 국회는 논란 끝에 이라크 추가 파병 동의안을 찬성 155표, 반대 40표, 기권 7표로 통과시켰다. 김근태는 평소 소신과 반대되는 찬성표를 던졌다. 그런데 그렇게 그를 윽박지르던 후배 친노 의원은 '멋지게'

반대표를 던졌다.

김근태는 소신을 저버린 정치인이 되었다. 그날 저녁 몇몇 후배들과 작은 대폿집에서 이런저런 이야기를 나눴다. 그는 후배 의원을 보면서 많이 놀랐다고 했다. 그런데 분노하거나 억울해하지 않았다. 대신 "우리가 무엇을 잘못한 걸까?"라는 물음을 던졌다. 그리고 스스로 답을 찾았다. "애초에 하지 말았어야 했어."

국가를 운영하는 정치인이라면 정치 신념을 지켜야 하는데 그러지 못했고 그 신념이 정말로 옳다면 시간이 걸리더라도 소통과 협의를 통해 풀어가야 하는데 이른바 '정치'를 한답시고 그 절차를 건너뛰려고 한 자신을 자책했다.

김근태에게 파병은 절대로 해서는 안 되는 일이었다. 우리는 전 세계를 통틀어 유일한 분단국가에서 살고 있다. 그런 우리가 평화가 아닌 전쟁 세력의 편에 서게 되면, 유사시 국제사회에 도움을 청할 명분을 잃게 된다는 것이 그의 평소 지론이었다. 김근태는 파병 반대를 관철시키지 못하고 찬성표를 던진 후 수개월간 자책감에 빠져 지냈고, 고문 후유증을 앓을 때와 똑같은 건강 악화에 시달렸다.

2006년 10월 20일, 김근태는 북한의 2차 핵실험 강행 이후 한반도에 긴장 국면이 조성되자 개성 방문을 결행한다. 보수 야권뿐 아니라 열린우리당 등 여권에서조차 북한에 일침을 가해야 한다는 목소리가 높았던 상황에서 내린 결단이었다. 개성 방문길에 그는 성명을 통해 "평화가 유지되어야 경제를 운영할 수 있습니다. 분단국가이자 정전협정 상황에 있는 우리에게는 '평화가 곧 밥'입니다. 평화가 깨지면 경제가 흔들립니다. 밥그릇이 깨지는 것입니다"라는 말을 남긴다. 어쩌면 이라크 파병 때 이런 상황을 염두에 둔 것처럼, 그때 그는 흔들림 없이 개성으로 갔다.

민주주의는 힘들고 지난한 선택의 길이다. 김근태에게 민주주의란 모두의 합의 아래 결론이 내려질 때까지 그 누구도 어떤 이유에서든 떠나면 안 되는 테이블이었다.

김근태 의장이 토론을 주재하여 무려 17시간 동안 회의를 한 일이 있어요. 대화와 토론을 통한 설득의 힘을 보여준, 참 착하고 맑고 민주적인 사람이었어요. 민청련 선배들은 말할 자유도 주었고 말하지 않을 권리도 줬어요.

_〈한겨레〉, '김두식의 고백', 박선숙 전 국회의원 인터뷰 (2012. 6. 9)

토론할 자유를 누리는 것과 함께 결론에 승복할 의무가 따르는 것이 김근태가 믿는 민주주의였다. 아무리 자신의 신념이 옳다고 믿어도 합의를 이루어가는 절차를 무시하면서 나아갈 수 없는 것이 민주주의이며 충돌하는 두 가지 의견이 있다면 먼저 민주적인 절차에 따라 합의를 이루고 그렇게 나온 결론을 수용하고 따라야 한다고 믿었다. 이 절차에 승복하지 않으면 민주주의는 존속할 수 없다고 생각했다. 김근태에게는 이라크 파병 동의안에 찬성표를 던지는 일이 합의된 결론에 승복해야 하는 민주주의의 실천 과정이었던 것이다.

민주주의자라 칭송받는 김근태도 이런 민주주의의 길을 몹시 힘들어했다. 하지만 그는 흔들림 없이 민주주의의 길을 걸어갔다. 고문 이후 고통스럽고 불편한 26년 3개월을 민주주의를 위해 싸웠고 민주주의 방식으로 살고자 노력했다. 그 이전의 삶도 분명 그랬을 것이다.

헌법 제1조 "대한민국은 민주공화국이다.

모든 권력은 국민으로부터 나온다."

우리는 이 헌법 1조의 깃발을 분명히 높이 들어야 한다.

지금 바로 그렇게 해야 한다.

다음 사람을
위해
싸워야 한다

저항할 수 있어야 꿈꿀 수 있었기 때문에
우리는 아주 작은 일들을 위해 많은 것을 걸었던 것이다

나는 약속한다. 정치는 51 : 49의 게임이다. '51%의 선의'라는 입장에서, 필요하다면 나는 싸우겠다.

_김근태

체포 26회, 구류 7회, 5년 6개월에 걸쳐 두 차례 투옥됐던 민주투사 김근태는 군부독재에 맞서 직접민주주의를 이루기 위해 숨어다니며 싸워야 했다. 그리고 여당 국회의원이었던 정치인 김근태는 인권과 민주주의를 실현하기 위해 주류에 있으면서도 비주류로 싸웠다. 노무현 전 대통령과 공공주택 분양 원가 공개 문제로 한판 붙었고, 보건복지부 장관 시절 정부가 국민연금을 주식에 투자하려고 했을 때는 불같이 맞서 싸웠다. 늘 시대가 요구하는 민주주의적 과제를 달성하기 위해 고민하고 행동했던 사람이다.

맞서겠다. 애원하지 않겠다

본인은 지난 9월 한 달 동안 남영동에 있는 치안본부 대공분실에서 참혹한 고문을 당했습니다.(검사의 제지) 본인의 이 사건은 지난 9월 한 달 동안 남영동에서 있었던 비인간적이고 불법적인 고문에 의해, 그리고 동물적인 능욕과 인간의 존엄성과 인간 생명에 대한 위협에 의해 만들어졌습니다. 진실이 밝혀지고 사법적 정의가 이루어지고 인간의 존엄성이 지켜지기 위해서는 본인에게 가해졌던 참을 수 없고 용서할 수 없는 이러한 고문이 조사되고 색출되어야 한다고 생각합니다. (……) 머리와 가슴, 사타구니에는 전기고문이 잘되게 하기 위해서 물을 뿌리고 발에는 전원을 연결시켰습니다. 처음엔 약하고 짧게, 점차 강하고 길게, 강약을 번갈아 가면서 전기고문이 진행되는 동안 죽음의 그림자가 코앞에 다가와(이때 방청석에서 울음이 터지기 시작, 본인도 울먹이며 진술함) 이때 마음속으로 '무릎을 꿇고 사느니보다 서서 죽기를 원한다'(방청석이 울음바다가 되고 심지어 교도관들조차 숙연해짐)라는 노래를 뇌까리면서 이것을 지켜내기 위한 인간적인 결단이 얼마나 어려운 것인가를 절감했습니다. 죽음의 그림자가 드리울 때마다 아우슈비츠 수용소를 연상했으며 이러한 비인간적인 상황에 대한 인간성의 절망에 몸서리쳤습니다.

_1985년 12월 19일 모두진술(冒頭陳述)

1985년 12월 19일 오전 10시, 서울지방법원 118호 법정, 민청련 의장 김근태에 대한 국가보안법 위반 등에 관한 첫 공판이 열렸다. 재판부는 법정이 협소하다는 이유로 방청권을 발행해 가족과 민주 인사들의 재판 방청을 사실상 방해했다. 방청권을 가족에게 1장, 일반 방청객에게 20장 내외로 한정한 행위는 안기부의 공판 대책을 충실하게 따른 것이었다. 그나마 방청권을 받고 법정에 들어온 사람 중 절반은 안기부나 치안본부에서 나온 기관원들이었다. 민청련 회원 30여 명은 법정 입구에서 손으로 문을 치며 "김근태, 재판받지 마라!"라고 외치기도 했다. 변호인이 재차 강력히 항의해 부인 인재근 등 7~8명이 출입문을 열고 겨우 들어올 수 있었다.*

41번 수형자 번호를 단 김근태가 들어오고 이어 담당 검사 김원치, 변호인 김상철, 홍성우 등과 재판장 서성 부장판사가 자리를 잡았다. 방청객을 제한한 공판 절차에 대해 검사와 변호인 간의 공방이 벌어지자 서성 재판장은 뜻밖에도 피고인에게 "재판에 들어가기 전에 재판 진행에 대해 피고인의 의견을 진술"하라고 말했다. 이때 김근태는 재판 절차보다 더 급박한 현존 위험이 있다며 "본인은 지난 9월 한 달 동안 남영동에 있는 치안본부 대공분실에서 참혹한 고문을 당했습니다"라고 입을 열었다. 검사석의 김원치가 벌떡 일어나 황급히 제지했지만 김근태는 말을 이어갔다.

---

* 〈한겨레〉, '한홍구 교수가 쓰는 사법부 – 회한과 오욕의 역사 34. 김근태 고문 사건과 사법부(3)'(2010. 1. 3)

우리나라 공판 사상 최초로 피고소인이 모두진술 제도를 활용해 자신이 당한 고문 사실을 고발하기 시작한 것이다. 장내가 술렁였다. 모두진술은 당연히 검사 몫으로만 알고 있었다. 김근태의 모두진술은 40분가량 이어졌다. 너무도 차분히, 그리고 너무도 창백하게, 몸서리치는 기억으로 토해낸 고문 피해에 관한 김근태의 육성이 고문실과 법정을 넘어, 독재 권력을 넘어, 세상으로, 역사로 퍼져나갔다.

1985년 8월 24일, 김근태는 서울대 민추위(민주화추진위원회) 사건의 배후로 지목되어 구류를 당했고, 9월 4일 풀려나 서울 서부경찰서를 나오던 중 남영동 대공분실로 연행된다. 이날부터 23일 동안 김근태는 10회에 걸쳐 물고문과 전기고문 등을 당했다. 검찰로 송치되던 9월 26일 오후 2시 30분, 검찰청 엘리베이터 앞에서 기다리고 있던 부인 인재근이 가까스로 남편과 대면했다. 사라진 남편을 반드시 만날 수 있을 거라 믿고 검찰청 4층 엘리베이터 앞을 지킨 지 열흘 만이었다. 김근태도 아내 인재근이 자신을 기다리고 있을 거라 믿고 있었다. 인재근은 김근태에게 세상에서 제일 든든한 '빽'이었다. 달려온 인재근에게 김근태는 말했다. "인재근, 나 당했어, 무지하게 당했어." 검사실로 이어진 복도를 걸으며 그는 고문 사실을 설명했다. 그리고 증거로 전기고문의 후유증인 발뒤꿈치의 아물지 않은 피딱지를 인재근에게 보여주었다. 어떻게든 고문 사실을 세상에 알리려고 생사의 고비에서도 가물거리는 의식을 추스르며 지켜낸 '짐승의 시간'의 증거였다.

구치소로 돌아간 김근태는 이후 굳어진 피딱지를 화장지에 감싸서 고문의 증거로 보관한다. 그러나 이를 수상히 여긴 교도관에게 발각되어 빼앗기려는 순간 김근태는 간절히 애원한다. "내 목숨보다 소중한 증거다. 제발 내 몸에 숨겨 변호사에게 전달할 수 있게 해달라"고. 그중 한 교도관이 설득되어 김근태에게 고문의 증거를 돌려준다. 하지만 그것도 잠시, 10여 명의 교도관이 들이닥쳐 김근태의 몸을 수색하고, 김근태는 바지춤에 숨긴 피딱지를 이내 빼앗기고 만다. 그렇게 그의 증거는 그의 손을 떠났지만 훗날, 김근태에게 설득되었던 그 교도관이 이 모든 사실을 법정에서 증언하면서 김근태 고문의 증거가 세상에 알려지게 되었다.

"짐승의 시간". 이 제목을 단 8절 크기 유인물은 숱한 양심을 향해 화살처럼 날아가 격렬하게 꽂혔다. 모두 오열하고 분노하고, 그리고 마침내 행동에 나섰다. 자식을 감옥에 둔 어머니들이 더 이상 판검사에게 석방을 애원하지 않았다. 자식들에게 반성문을 쓰라고 다그

치지도 않았다. 대신 김치 담그던 손을 씻고 돌아서서 그 유인물을 뿌렸다. 스티커를 제작해 건물 외벽과 버스 등에 붙이고 다녔다. "고문 정권 타도하자"며 법정에서, 거리에서, 구치소 안팎에서 소리쳤다. 필자 역시 그렇게 거듭 태어난 '호모폴리티쿠스 중 하나다'. '무릎을 꿇고 사느니보다 서서 죽기를 원한다'를 읽던 날의 기억은 아직 내 가슴에 화인처럼 선명하다.

_유시춘, 〈중앙선데이〉, 고(故) 김근태 민주통합당 고문 추모사
'행동하는 햄릿, 아름다운 별이 지다'(2011.12. 31)

국내는 물론 국제사회에도 알려야 했다. 국제사회의 압박 없이는 국내에서 반향과 변화를 이끌어내기 어려웠다. 인재근은 김근태가 당한 고문들에 관해 상세하게 녹음해 김근태의 친구이자 미국 현지 〈한국일보〉 기자였던 심기섭에게 전달한다. 출입국 검사와 검열을 뚫기 위해 심기섭은 육성 녹음을 이미자 노래 테이프 중간에 삽입해 통과시키는 데 성공한다. 그리고 이는 〈뉴욕 타임스〉의 켄들 윌스(Kendall Wills) 기자에게 전달되고, 이내 미국 국무성 인권국에 전달되기에 이른다. 미국 인권국이 이 사실을 브리핑하고, 미국 인권 시민단체(American Human Rights Watch Group)에도 전달되어 미국 사회에서부터 김근태 고문 사건에 대한 국제사회의 관심이 집중되

었다.

1985년 11월 11일 김대중, 김영삼이 참석한 고문공대위(고문및용공조작저지공동대책위원회)의 항의 농성이 시작되었다. 그리고 불법 연행된 지 3개월이 넘은 12월 9일에야 비로소 변호사 접견 금지가 풀리고, 12월 19일 첫 공판이 시작되었다. 변호사와 준비할 수 있는 시간은 겨우 열흘이었다. 변호사를 접견하기 전부터 김근태는 혼자 감방에서 있는 힘을 다해 재판을 준비했다. 그것은 국가보안법 위반에 대한 자기변호가 아니라 비참하게 짓밟힌 23일간의 고문에 대한 고발의 준비였다. 이때 얼마나 철저하게 방대한 양의 자료를 수집해 재판을 준비했는지, 재판장에서 검사가 고문당한 사람이 어떻게 재판 준비를 이렇게 할 수 있느냐고 공격했을 정도였다.

1985년 대한민국, 군부독재 치하의 국가 폭력은 김근태의 피 토하는 법정 육성(모두진술)을 통해 그렇게 국내외에 알려졌다. 그때 김근태가 마음속으로 부른 노래, '무릎을 꿇고 사느니보다 서서 죽기를 원한다'는 인간의 존엄을, 인간이 살아 있음을, 인권의 소중함을 지켜내기 위한 인간적인 결단이 얼마나 어려운 것인가를 보여준 한 대목이다. 그리고 기억하고 싶지도 않은 그 과정을 법정에서 모두진술을 통해 끝까지, 때로는 숨 막히는 고통과 때로는 피가 거꾸로 솟는 치욕을 억누르며 진술함으로써 새 역사의 한 장을 열었다.

1987년 감옥에서 김근태는 부인 인재근 여사와 공동으로 '로버트케네디 인권상'을 수상했다. 인권상 수상을 방해하려던 당시 전두환 정권의 숱한 공작은 이 인권상의 가치를 더 드높였다. '로버트케네디 인권센터' 대표 케리 케네디는 1987년 김근태와 인재근에게 '로버트케네디 인권상'을 수여한 이유에 대해 이렇게 말했다.

군사독재 당시 많은 사람이 붙잡혀 가고, 고문당하고, 불법 처형도 있었다. 일반적으로 고문을 한 후, "어디 가서 고문당했다는 얘기를 하면 다시 잡아다가 고문을 하고, 조용히 살면 풀어주겠다"고 협박을 한다. 그런 일을 겪고 나면 대부분은 조용히 산다. 그러나 김근태는 달랐다. 그는 그런 식의 제재에 맞섰다. 그런 고문이 불법이고 비도덕적이고 자신의 조국을 파괴한다고 말했다. 그런 식의 제재에 맞서는 것이 자신의 안전보다 중요하다고 믿었던 사람이다. (한국에서) 명망 있는 사람들에 대한 고문이 자행되고 있다는 사실을 최초로 공개 증언한 사람이다. 그렇게 군사독재 정권의 부당성을 (전 세계에) 알린 것이다.

_최경준 기자, 〈오마이뉴스〉(2012. 2. 25)

또한 1988년 독일 함부르크 자유재단에서는 김근태를 '세계의 양심수'로 선정했다. 그리고 2012년 6월 26일에는 서울 동숭동 홍사단 강당에서 '진실의힘'이 주관하는 제2회 '진실의힘 인권상' 수상자로 선정되었다. 심사위원회는 "김근태 선생이 1985년 9월 남영동 대공분실에서 전기고문과 물고문을 당한 뒤 진상을 밝히고 독재 정권의 실상을 전 세계에 알린 점, 죽음 같은 고문을 겪고서도 인간에 대한 신뢰와 희망을 잃지 않고 인간의 삶은 폭력보다 강하다는 진실을 일깨워준 점"을 수상 이유로 밝혔다.

'우리'를 지키기 위해 '나'를 건다

70년대 이후 민주화 운동에 대한 권력의 탄압 수단으로 지겹도록 이용되어온 국가보안법 · 집시법이 공소장에 그대로 나열되어 있는 것은 차라리 하나의 희극이며, 고문경관 이근안은 1년 6개월이나 행방이 묘연하고 다른 고문경관 4명은 불구속 상태에서 재판을 받는데도 고문 피해자가 구속 상태로 재판을 받는다는 것은 비극이다. 권력 유지를 획책하고 있는 지배 세력의 음모를 폭로 · 규탄했다는 이유로 나를 이 자리에 다시 끌어다 세운 것은 명백한 정치적 보복이며, 기만적인 공소장 내용을 두고 더이상 다툴 의사가 없어 헌법상의 재판받을 권리를 포기하겠다.

_1990년 7월 20일 공판 모두발언

1990년 7월 20일, 2차 공판이 열리자마자 모두발언을 마치고 김근태는 변호인과 피고인석을 떠났다. 서울지검 공안부 문성우 검사는 김근태와 변호인단, 방청객들이 모두 퇴정한 후 징역 7년, 자격정지 7년을 구형했다. 그에게는 광장, 거리와 더불어, 법정과 감옥도 인권을 지키고 민주화를 앞당기는 싸움을 벌이는 전선(戰線)이었다. 김근태를 이 전선에 나서게 한 것은 지금 자신이 선 이 자리에 서게 될 다음 사람을 위한 선배로서의 책임감이었다.

1988년 6월 30일 만기 출소한 김근태는 1989년 전민련(전국민족민주운동연합) 창설에 참여해 정책실장을, 1990년 3월에는 전민련 2기 대의원대회에서 집행위원장을 맡게 된다. 이때부터 김근태는 '재야의 대통령'이라는 별명을 얻는다. 당시는 민족민주운동 세력, 이른바 재야 세력의 기운이 대단했다. 특히 1990년 1월 노태우, 김영삼, 김종필이 야합한 3당 합당으로 재야와 집권 세력의 세력전은

거대한 판갈이 싸움을 예고하고 있었다.

집권 세력은 전민련의 위력에 불안해했다. 명분과 민심이 자신들을 떠나 있음을 잘 알고 있던 터라 재야 결집의 핵심인 김근태를 특히 눈엣가시처럼 여겼다. 그러던 1990년 5월 9일, 6월 항쟁 이후 최대의 시위로 기록된 '민자당 해체 및 노태우 정권 퇴진 국민궐기대회'가 열렸다. 이를 주도한 혐의로 김근태에게 사전 구속영장이 떨어진다. 1990년 5월 13일 민자당 반대 시위와 관련해 집시법(집회및시위에관한법률)으로 구속된 뒤, 6월 9일 전민련 결성 선언문 및 범민족 회담 개최 제의 관련, 국가보안법이 추가 적용되어 구속기소된다. 그러나 사실 그는 그 시위 현장에 있지도 않았다. 5월 13일, 그는 제주 YWCA에서 시국 강연을 한 후 다음 날 제주의 친척집에서 검거되었다.

1985년 법정에서는 고문 사실을 세상에 알리기 위해 치열하게 재판을 준비하고 싸웠다면, 1990년 법정에서는 진술 거부를 통해 부당한 국가 폭력과 싸웠다. 김근태는 "체포 자체가 부당하니 진술을 거부하겠다"고 외쳤다. 자신을 법정에 세운 국가보안법과 집시법 자체가 인권을 짓밟는 불법임을 재판 거부를 통해 웅변한 것이다. 이는 또한 사법 정의가 올바로 서 있지 않은 사법부에 대한 일

갈이기도 했다. 검사가 구형한 형량을 고스란히 뒤집어쓰는 대가를 치르는 한이 있더라도 변호를 통해 형량을 줄일 수 있는 기회를 버리고 공권력의 부당함에 정면으로 맞서겠다는 강력한 투쟁이었다. 재판 거부와 선고 공판 출석 거부가 반복되면서 김근태는 1991년 1월, 본인이 말한 '인권을 짓밟는 불법'에 의해 징역 2년, 자격정지 1년을 선고받고 또다시 2년간의 수형 생활을 하게 된다. 대법원은 1991년 4월 이를 확정했다.

하지만 김근태의 투쟁은 그렇게 끝나지 않았다. 1993년 10월, 김근태는 유엔인권이사회(United Nations Human Rights Council)에 대한민국 사법부의 판단이 잘못되었다고 구제 신청서를 제출한다. 김근태가 정의롭지 않은 법과 절차에 의해 체포, 구속된 1990년 5월로부터 8년 9개월이 흐른 1999년 2월, 유엔인권이사회는 김근태가 제기한 구제 신청에 답한다. 국가보안법 7조(반국가 단체 찬양·고무 등) 위반 사건이 대법원에서 유죄 확정판결을 받은 데 대해 '유엔인권규약 위반'이라는 결정을 내리고, 효과적 구제 조치를 취하고 이 사실을 번역해 공지하도록 한국 정부에 요구한 것이다.

1999년 3월 13일, 대한민국 법무부는 유엔인권이사회의 권고에 따라 결정문을 국문으로 번역, 공표했다. 그러나 법무부는 금전적인 배상 등의 구제 조치 권고는 당사자들이 재심을 통해 무죄판결을 받아내지 않는 한 수용하기 어렵다고 했고, 재발 방지 대책을 권고한 것에 대해서는 유사한 인권 침해가 없도록 국가보안법을 엄격히 적용하겠다는 비공식적인 입장을 유엔인권위원회에 통보했다. 불법의 법, 부정의 정의(사법부)를 전면 부인하는 싸움을 시작한 지 8년 9개월이 지나서야 김근태의 싸움은 일단락되었다. 그러나 김근태가 "인권을 짓밟는 불법"이라고 지목한 국가보안법은 2012년 11월 현재 여전히 폐지되지 않고 생각하고 말할 자유를 억압하고 있다. 2012년 11월, 민주주의자 고 김근태의 아내 인재근과 아들 병준, 딸 병민은 무죄판결을 위한 재심 청구를 준비하고 있다.

두꺼비가 되겠습니다

2009년 7월 20일, 용산참사가 벌어진 지 6개월째 되던 날, 유족들과 함께 장례식장을 지키다가 들이닥친 경찰들에 밀려 쓰러져 짓밟히는 봉변을 당한 후 김근태가 말했다.

숨이 턱 하고 막히는 게 눌려 죽을 것 같더라고. 밟히고, 옆으로 피할 틈이 없었어. 너무 좁고, 딱 구치소의 운동하는 골목만 하지? 이젠 못 올 것 같아…… 당신, 나 때문에 더 다쳤지? 문정현 신부님이나 백기완 선생님은 괜찮으신가?…… (침묵) 최상명 총장, 우리 내일 또 와야겠지? 그래야 유족들한테 내가 면목이 설 것 같아! 남경남한테도 힘이 될 거고…….

파킨슨병 때문에 거동도 어렵고 체력도 많이 떨어진 상태였다. 특히 꽉 막힌 공간을 힘들어했던 김근태는 좁은 골목을 가득 메운, 곤봉과 헬멧으로 무장한 경찰과 마주했을 때 무서웠다고 했다. 경찰의 진압이 시작되어 다 같이 나동그라졌을 때는 젊고 건강한 이들도 무서웠다. 그들은 우리보다 훨씬 많고, 젊고, 무장했고, 대오를 갖추었고, 게다가 공권력이었다. 그에 비해 우리는 싸우는 것이 아니라 지키고 버텨보려는 오합지졸이었다. 누군들 어찌 무섭지 않겠는가. 김근태는 맞서는 게 무섭지 않다고 하지 않았다. 무섭지만 맞설 수밖에 없다고 했다.

김근태는 2009년 겨울을 "잃어버린 겨울"이라 말하곤 했다. 2009년 1월 20일, 마지막 삶의 터전을 지키겠다며 망루 위에서 저항하던 철거민들이 고용된 용역 패거리와 공권력의 폭력적인 진압에 목숨을 잃고 나서 6개월이 흘렀다. 사고 현장에서는 문정현 신부가 매일 미사를 집전하고 문동환 목사와 다른 종교계 인사들도 용산 희생자들에 대한 종교적 애도 행사를 꾸준히 진행했지만 시민들의 분노는 모이지 않았다. 그해 2월 김수환 추기경이 선종하고, 5월 이명박 정권에 모욕과 탄압을 당하던 노무현 전 대통령이 부엉이바위에서 세상과 이별하면서 전 국민의 분노와 저항이 광장을 채웠다. 하지만 시민들의 마음은 여전히 용산까지는 닿지 않았다. 그래서 더욱 힘든 싸움이었다. 죽음의 원인을 밝힐 수 있을지, 장례는 언제 치를 수 있을지 막막했던 그해 여름은 유난히 더웠다. 지금까지 쌓인 빚도, 앞으로 살아가야 할 날도, 4억 넘게 밀린 장례식장 비용도 유족들에게는 너무 버거웠다.

7월 20일, 유가족과 용산범대위(용산철거민살인진압범국민대책위원회)는 "참사 반년이 지나도록 정부가 사태 해결에 나서지 않으니, 이제 시민들에게 호소하겠다"며 경찰 특공대의 폭력적인 진압으로 숨진 5명의 시신을 시청 앞 광장으로 옮길 계획이었다. 순천향병원 장례식장 건물 앞에서 기자회견과 위령제를 마친 오후 4시께, 시신을 옮기는 천구식을 진행하고자 지하 시체 안치실로 향했다. 그때 경찰이 가로막았다. 붉은색 천으로 덮인 빈 관 행렬이 경찰에 가로막히자 분노한 유가족들이 행렬 맨 앞에서 항의하다 실신하는 상황이 빚어졌다. 결국 한순간에 육탄전이 벌어졌다. 때리고 짓밟아 대오를 부숴 끌어내려는 경찰과 이에 맞서 흩어지지 않으려고 옆 사람과 팔짱을 끼고 스크럼을 짠 사람들 사이에 김근태도 있었다. 시신과 함께 시청으로 가려던 유족과 용산범대위, 백기완 선생, 문정현 신부, 용산참사기독교대책위원회 최헌국 목사, 정동영 의원, 그리고 시민들이 쓰러졌다.

고 김근태 의원은 2008년부터 총 4차례에 걸쳐 YTN 조합원들의 투쟁 현장을 방문해 지지했다. 방문 당시에도 몸이 좋지 않아 캔을 딸 수 없을 정도로 쇠약한 상태였던 것으로 전해졌다.

_조현미 기자, 〈미디어오늘〉(2009. 9. 28)

2008년 촛불 광장의 학생들, 2009년 1월 용산 망루 위의 철거민과 그해 5월 부엉이바위 위의 노무현, 7월 쌍용 자동차 평택 공장의 해고 노동자들, 2011년 부산 영도 조선소 타워크레인 85호에 오른 김진숙 씨와 '희망버스'를 탔던 사람들, 해군기지 건설에 반대하기 위해 제주 강정마을로 향한 '평화비행기' 안의 사람들…… 그들의 삶과 마주한 죽음 앞에서, 죽음과 마주한 삶 앞에서 김근태는 그렇게 늘 현장에 있었다. 그는 '소외된 사람 없는 사회', '희망을 포기하지 않는 사회'를 향한 희망을 계속 꿈꾸었다.

김근태는 말했다. "거대 국가 폭력 앞에 인간은 나약하다. 그렇다고 포기하면 지는 거다. 불법 체포와 구금의 현장에서 정신 차리고 싸워라! 법정에서 자신을 방어할 수 있는 모두진술권, 변호권을 확실히 구사하라! 그리고 한 걸음 더 나아갈 수 있다면 지금 나를 체포하고 감금하고 재판정에 세우는 이 사실이 불법임을 알리기 위해 또 싸워야 한다. 부도덕한 정권, 정의롭지 못한 법정, 권력의 시녀 검찰과 싸워야 한다. 그리고 부조리한 사회에 눈감고 애써 현실을 외면해버리는 우리의 무관심과 싸워야 한다." 그리고 김근태의 장례식 당일, 장지인 마석 민주공원의 겨울 산골짜기를 휘돌던 바람 속에서 나는 김근태의 목소리를 들었다.

지경다지기로 많은 사람들이 무덤의 흙을 발로 다지고 있을 때, 분명 들었다.

민청련의 상징인 두꺼비에 관한 전설이 있습니다. 두꺼비가 뱀한테 잡아먹히면 자기는 죽지만 그 뱀도 두꺼비 독에 쏘여서 죽는데 두꺼비 새끼들이 그 속에서 뱀을 자양분 삼아 새롭게 성장하게 됩니다. 우리는 탄압을 받아서 죽겠지만 이것은 한국에 민주주의를 꽃피

우게 하는 데 불가피한 과정입니다. 그래서 우리 스스로 희생을 결단하자는 상징으로 두꺼비를 내세웠습니다.

_〈폴리뉴스·폴리피플〉, 김능구 〈폴리뉴스〉 대표의 김근태 인터뷰(2009. 9. 16)

인재근에게는 김근태의 바깥사람이란 별명이 있다. 예전 인재근 의원이 민가협 활동 등으로 바쁜 나날을 보내다 보니 가끔 영등포 교도소에 있는 김근태와의 면회시간을 놓치는 경우가 있었다. 그럴 때면 인 의원은 영등포 교도소 주변 아파트 담벼락에 서서 '김근태! 인재근 왔어, 면회 못해서 미안해!'라고 소리치곤 했다. 그러면 안에서 김근태가 '어이' 하고 대답했다. 감옥 안의 김근태와 김근태의 바깥사람 인재근은 그렇게 통방하면서 민주화 투쟁의 나날을 보낸 부부이자 동지였다. 인재근 의원은 이 에피소드를 말할 때마다 눈물을 훔친다.

새로운
정치는
어떻게
시작되는가

정치가 현실일 뿐이라면 개선과 개혁은 어떻게 가능하며
왜 우리가 피 흘리며 군사독재와 싸워야 했는가?

김근태는 국가 폭력의 희생자를 대표하는 인물이다. 민주투사 김근태는 고문과 탄압, 수배와 도피 속에서 외롭게 싸웠고, 정치인 김근태는 무관심과 무시 속에서 싸웠다. 이런 고립은 그가 희망했던 새로운 정치, 민주주의의 꿈을 꽃피우지 못한 데 적잖은 영향을 미쳤다. 하지만 김근태는 씨앗을 남겼다. 국민경선제를 주장하고 정치자금 양심 고백을 하면서 비록 아름다운 꼴찌, 미망(未望)의 정치인으로 머물렀지만 노무현 정부 이후 깨끗한 정치, 돈 안 쓰는 정치가 정착되는 계기를 마련했다.

보이지 않는 것을 믿는 것이 가장 큰 믿음입니다

'국민경선추진위원회'라는 걸 만들었어요. 그때 핵심은 조순 시장을 참여시켜 DJ하고 조순 시장을 국민경선제로 경쟁하는 구도를 만들어서 DJ가 되면 DJ를 후보로 내세우고 조순 후보가 되면 조순 후보를 내세우자는 제안이었습니다. 지나간 얘기니까…… DJ는 "그 방향으로 가자, 그런데 다음번부터 가자", 조순 시장은 "그거 하면 안 된다, 당신이 내 캠프로 와달라" 그런 얘기를 해서, "사적으로 결정할 수 있는 문제가 아니다, 국민의 염원이 담긴 정권 교체이기 때문에 국민경선추진위원회에 참여해서 후보가 되면 누구든지 승리할 수 있고 정당성 있는 거 아니냐" 하면서 호소했습니다.

_〈폴리뉴스·폴리피플〉, 김능구 〈폴리뉴스〉 대표의 김근태 인터뷰(2009. 9. 16)

1997년 3월 김근태는 김상현, 정대철 등과 함께 우리나라 정치사상 처음으로 대통령 후보 국민경선제를 주장했다. 김근태는 김대중과 조순이 국민경선에 참여했다면 정치가 국민들에게 감동을 줄 수 있었다고 보았다. 그러면 정권 교체가 더 쉬웠을 것이고, 김종필과의 연대 없이 이길 수 있었을 것이고, 그러면 개혁이 더 진전되었을 거라며 아쉬워했다. 그는 'DJ 1인 보스' 체제를 받아들일 수 없었다. 김근태 의장은 2009년 여름 한반도재단 기획회의에서 우리가 국민정부와 참여정부에서 비주류로 살게 된 이유와 그 핵심 사건들을 정리할 것을 제안하면서 이렇게 말했다.

(DJ가 총재인) 국민회의에 참가하고 얼마 안 가서 DJ가 나를 동교동 사저 도서관으로 불렀어. 그때 권노갑도 그 자리에 있었지. 당의 운영에 관해 여러 구상을 이야기하면서 함께 잘해보자 그러는 거야. 얘기를 끝내고 나오는데 뭔가 좀 이상했어. 당 문제는 당 최고위원회 같은 공식 기구에서 논의해야 하잖아?…… 그리고 한 번 더 나를 동교동으로 불렀어. 그때는 한화갑도 와 있더라고. 그래서 그냥 듣기만 하고 아무런 대답을 하지 않았어. 그러고는 더 이상 가지 않았지. 어쩌면 그때부터 동교동이 나를 싫어했는지도 몰라…….

김근태는 민주정치는 총재나 보스의 제왕적 결단으로 운영되기보다는 민주적 토론과 합의에 의해 지켜져야 한다고 판단했고, 김근태에 대한 동교동의 각별한 애정은 그렇게 엇나갔다. 그는 1인 보스 체제는 배격해야 한다고 공공연하게 말했다. "1997년 5월 국민회의 내부 경선을 했는데 동교동 쪽에서는 당시 김대중 총재를 박수로 체육관에서 추대하는 후보로 만들자 그러기에 내가 반대했지요. 그럼 안 된다. 그럼 정권 교체가 안 된다." 결국 김대중 총재는 제15대 대통령 후보가 되었고, 다행히 정권 교체를 이루었다. 이렇게 정치계에서 김근태는 비주류 쪽으로 빠진다.

2001년 9월에는 "당 위에 군림하는 특정 계보가 있다"며 동교동

해체를 주장했다. 그에게는 주류냐 비주류냐보다 국민의 열망에 답하는 새로운 민주적 정치가 무엇보다 중요했다. 그의 이러한 신념은 국민참여통합신당에 대한 시각에서도 뚜렷이 드러난다.

1인 보스의 지휘도 없이, 특정한 정치적, 지역적 기반도 없이 42명의 현역 국회의원이 새 정치를 위하여 정치 생명을 거는 결단을 했는데 이러한 역사의 중대한 계기를 국민이 지지하지 않는다면 어떻게 우리 역사의 발전을 믿을 수 있겠는가? 이런 실험을 할 수 있는 환경, 계기, 용기, 결집력은 다시 생겨날 수 없다. 정치가 여태까지 우리 국가 발전의 발목을 잡아왔다는 것을 비판적으로 생각할 줄 아는 사람이라면, 그 누가 새롭고, 청정하고, 저비용 고효율의 두뇌 정치를 이루어 국가 도약의 계기를 만들겠다는 이 정치적 운동을 거부할 수 있겠는가? 민주당에 잔류하고 계신 중도파 여러분께 간곡히 말씀드리고 싶다. 개인적 득실이나 이해를 떠나 단 한 순간만이라도 역사의 진보와 후퇴, 어느 편에 설 것인지를 허심탄회하고 너그럽게 판단한다면 행동의 바른 방향이 설 것이다. 국민은 결코 신당을 외면하지 않을 것이다. 보이지 않는 것을 믿는 것이 제일 큰 믿음이다.

_〈문화일보〉, '사상가 도올이 만난 사람', 김근태와의 인터뷰(2003. 9. 23)

2002년 3월 9일, 드디어 그가 오랫동안 주장하고 고대하던 새천년민주당 대통령 후보 국민경선이 제주에서부터 시작될 예정이었다. 김근태에게는 후보로 참여하는 처음이자 마지막 경선이었다. 김근태가 부시 대통령의 "악의 축" 발언을 가차 없이 비판하자, '역시 김근태'라는 목소리와 함께 1~2%로 미미하던 지지율이 6~7%로 상승하고 있었다. 그런데 3월 3일, 김근태는 "나의 고백은 한 정치인이 거듭 태어나고자 하는 노력이며, 정치 개혁에 대한 새로운 다짐"이라는 말과 함께 정치자금 양심 고백을 단행한다. 김근태 고문의 '고백'은 태풍이었다.

"2년 전 최고위원 경선 때 실세인 권노갑 씨로부터 불법 정치자금을 받았다."

"2000년 8·30 전당대회 최고위원 경선 당시 5억 3천 8백 72만 원을 썼다."

"그때 쓴 돈 중 2억 4천 5백만 원을 신고하지 않았다."

"민주당 국민경선이 돈을 매개로 한 조직 선거 양상을 보이고 있어 내 발등을 찍는 심정으로 고백성사를 한다. ……다시는 이런 일이 없도록 하자."

민주당 경선 후보 가운데 어느 누구도 부정한 돈으로부터 자유롭기 어려웠다. 제주에서 열릴 첫 경선이 3월 9일로 일주일도 남지 않은 코앞이었다. 한나라당과 자민련도 긴장했다. 불법 정치자금으로부터 자유로운 정치인이 있었을까.

김근태 자신에게는 정치적 자살행위였다. 권노갑은 민주당 총재인 DJ의 핵심 측근으로 실세 중의 실세였다. 부인 인재근은 "분명 역사에 남을 거다. 하지만 바로 닥칠 부메랑을 어떻게 감당하겠나. 안 된다"며 반대했고, 집 주변에서는 '고백'을 막겠다며 지지자들이 겹겹이 에워쌌다.

> 중요한 것은, 초유의 정치 실험인 국민경선제가 국민 동원 경선이 되어서는 안 된다는 엄숙한 경종을 울리기 위해서였다. 투명한 정치야말로 모든 정치 개혁의 근본이 아니던가. 정치 개혁, 정치 문화의 탈바꿈 없이는 우리 사회에 미래는 없다고 생각했다. 또한 그것은 덜 부끄러운 사람이 먼저 손을 내밀어야 한다는 자부심도 있었음을 밝히고 싶다.
>
> _〈프레시안〉, '김근태 특별 기고 – 내가 정치자금 고백한 이유'(2002. 3. 6)

자신이 오랫동안 바라고 구상해온 국민경선제가 망가지는 모습을 그대로 두고 볼 수 없어 내린 결단이었다. 반면 정치권에서는 하나같이 "김근태는 끝났다"고 했다. 민주당 내에서는 "경선에 찬물을 끼얹었다", "혼자만 깨끗한 척한다", "득표를 위한 극약 처방", "어렵고 힘들 때 도와준 사람들을 궁지에 몬 거 아니냐" 등의 비난과 더불어 현실감각이 모자란다며 비웃는 이들도 있었다. 노무현 대통령이 기자간담회에서 "일방적인 고백이 현명하지 않다는 것은 김근태 의원의 고백이 웃음거리가 되었다는 사실에서 알 수 있다"라고 한 말에 김근태는 더욱 가슴 아파했다. 김근태는 한동안 집에서도 입을 닫고 지냈다. 찾아오는 사람도 없었다. "국민경선제를 보호하고 민주당의 절망적인 상황에서 벗어나기 위해서"라는 진심을 알아보는 사람은 그 당시는 적어도 너무 적었다.

선거 자금 양심 고백의 역풍은 거셌다. 첫 경선지 제주에서 그 변화를 확연히 느낄 수 있었다. 두 자릿수를 향해 오르고 있던 지지율은 곤두박질치기 시작했다. 눈을 맞춰주는 사람도 드물었다. 땅을 딛는 다리가 휘청거렸고 잇몸이 들떠서 밥을 씹을 수 없었다. 그러나 희망을 놓지 않았다. 자신의 고백이 헛되지 않게 해달라고, 자신을 버리지 말아달라고 호소했다. 그러나 그의 말에 귀를 기울인 사람은 너무 적었다. 깨끗한 선거운동의 결과는 참담했다. 제주 16표, 다음 날 울산에서는 겨우 10표를 얻었다. 13곳 경선지 가운데 처음 2곳을 합쳐서 26표뿐이었다. 제주에서 1위를 한 한화갑 후보는 175표였고, 두 번째 경선지 울산에서 1위를 한 노무현 후보는 298표였다. 김근태는 "독재 정권에 의해 탄압받을 때처럼 아득한 기분"이라고 토로했다.

11일 경선 결과가 언론에 발표되자 김근태의 홈페이지는 수천 명이 동시 접속해 이메일을 띄우는 바람에 서버가 여러 번 다운됐다. 하루 동안 쏟아진 이메일이 무려 1천여 통 (……) 새로 가입한 후원회와 팬클럽 회원도 수백 명을 넘어섰다. (……) 이처럼 김 고문의 정치자금 고백에 대한 시민들의 반응은 뜨겁다. 하지만 정치권에서는 "정치 현실에 비춰 볼 때 지나치게 순수하다"고 비판론을 제기하며 경선 후 검찰이 수사를 시작하면 쇠고랑을 차는 비운의 정치인이 될 수도 있다는 얘기까지 하고 있다.

_조수진 기자, 〈국민일보〉(2002. 3.12)

그리고 3월 12일, 김근태는 민주당 대통령 후보 경선 사퇴 기자회견을 한다.

지금이 결단해야 할 순간임을 잘 알고 있습니다. 제 결단이 정권

재창출과 훗날 정치 개혁의 큰 밑거름이 될 것을 확신하며 당원과 국민의 뜻을 겸허히 받아들이기로 했습니다. 그동안 저에게 보내준 국민 여러분의 성원에 감사하며 '아름다운 꼴찌'로 기억되기를 바랍니다. 이번 경선을 통해 민주당의 정체성과 정통성을 확립하고 정권 재창출을 이룰 수 있는 훌륭한 후보가 탄생하기를 진심으로 바라며 저 김근태는 사퇴하겠습니다.

그가 최초로 제기한 국민경선제에 직접 후보로 참여한 처음이자 마지막 기회였기에 지금도 아쉽다. 그의 사퇴는 노무현 후보가 당시 수위를 달리던 이인제 후보를 누르고 대선 후보로 가는 새로운 역사의 계기가 된다.

"저는 노무현을 선택했습니다. 당신이 상처받아 눈물을 흘리는 것을 마음 아프게 바라보았습니다. 그러나 저는 압니다. 당신이라도 저였다면 저와 같은 선택을 했으리라는 것을. 당신은 패배하지 않았습니다. 김근태, 당신은 십자가입니다. _88학번 어느 회사원, 아이디 yujh97." 그의 사퇴 이후 노무현 후보는 광주에서 압도적인 1위를 했다. 정확히 계량화되진 않았지만 그의 사퇴가 경선판도에 끼친 심리적인 영향은 상당했을 것으로 관측된다. '노무현 돌풍'이 부는 데 큰 기여를 했다는 얘기다.

_임석규 기자, 〈한겨레21〉(2002.3.28)

그의 사퇴 후 검찰 수사가 시작되었고, 그는 또 한 번의 외로운 싸움을 시작했다. 그때 김수영의 시 〈풀〉이 위로가 되었다. "바람보다도 더 빨리 울고/바람보다 더 먼저 일어난다"라는 시 구절이 김근태에게는 유일한 위로였고, '풀'은 김근태가 늘 믿은 국민이었다.

심장이 뜨거워지는 길을 걷겠다

정치인 김근태는 결국 현실정치의 냉혹한 벽을 넘지 못하고 좌절했다. 양심 고백 선언 이후 정치권에서 김근태는 정말 끝났다고 했다. 그런데 정치권 밖에서 다른 움직임들이 보이기 시작했다. '풀'이 먼저 일어나기 시작한 것이다.

부질없는 망상인 줄 알면서도 정치인에 대한 불신과 환멸이 너무 깊어져 정치 없는 세상에 살기를 바랄 지경에 이르렀다. 그런데 그

탁류 속에서도 맑은 물줄기를 향해 외롭게 몸부림친 사람이 있다. 그가 바로 '깨끗한 정치'를 위해 양심선언을 한 김근태 의원이다. 그가 당내 최고위원 선거에서 자신이 쓴 불법 자금을 고백했을 때 세상 사람들은 어리둥절했다.

그 놀라움은 '저런 정치인도 다 있나!' 하는 것이었고, 그 사람이 김근태인 것을 확인하고는 박수를 치기 시작했다. 그 박수는 자신의 과오를 국민 앞에 고백한 양심과 용기에 보내는 것만이 아니었다. 김 의원 한 사람을 넘어서서 모든 정치인이 나라의 주인인 국민 앞에 그렇게 고백성사를 하고 거듭 태어나라는 요구이고 바람이었다.

_조정래, 〈중앙일보〉 시론 - '김근태 양심선언 헛되게 말라' (2002. 5. 23)

"이 나라 정치의 내일을 열고자" 하는 "순수함과 진정성"을 알아보는 사람들이 목소리를 내기 시작했다. 2002년 11월, 검찰이 불구속 기소하자 김근태 의원의 선처를 호소하는 목소리가 잇따랐다. 대학 총장 10명이 "고백하는 양심은 처벌받고 침묵하는 비양심은 괜찮다면 사회정의에 어긋나는 것"이라며 법원에 탄원서를 냈고 동료 의원 11명도 탄원서를 제출했다. 종교인과 대학교수 수백 명도 탄원서를 냈다. 법정은 김근태를 응원하는 사람들로 발 디딜 틈이 없을 정도였다.

이제 정치자금을 투명화해야 한다는 것은 거스를 수 없는 시대적 과제이며 국민적 요구가 되었습니다. 감히 말씀드리면 저의 양심 고백이 이러한 흐름에 작지만 의미 있는 한 계기가 되었다고 자부하고 싶습니다. 더 이상 '위선'과 동거하면서 책임 있는 정치인이 될 수 있다는 생각이 허용되어서는 안 됩니다. '이중성'과 동행하는 한 개혁도, 미래도 없습니다. 이것은 타협의 대상이 아닙니다.

_김근태 정치자금 양심 고백 재판 최후진술(2003. 7. 24)

2003년 8월, 재판부의 선고유예 판결을 받고 김근태는 '국민 여러분께 드리는 글'을 발표한다. 그는 늘 국민을 믿었고 국민의 뜻에 따르고자 했다.

국민 여러분,

오늘 저의 '양심 고백'에 대한 사법부의 판결이 있었습니다. 이로써 지난해 3월 민주당 대통령 경선 당시 있었던 '양심 고백'에 대한 사법적 판단이 이루어졌습니다. 저는 이 판단을 존중하겠습니다. 그동안 저의 충정을 이해하고 지지해준 많은 분들께 진심으로 감사드립니다. 재판을 마치면서 저는 국민 여러분께 그동안의 과정을 보고 드리고, 또 심판받을 점은 직접 심판받고 싶어 이 자리에 섰습니다.

사법적 판단은 종결되었지만 제가 양심을 고백한 진정한 당사자는 국민 여러분이었고, 따라서 여러분이 내리는 '양심의 판결'을 받아야 한다고 생각했기 때문입니다.

국민 여러분,

적지 않은 갈등 끝에 저는 현실정치인의 선택을 버리고 제 마음의 소리를 따랐습니다. 현실정치인의 선택에서는 '내일의 희망'을 발견할 수 없었기 때문입니다. 덕분에 저는 '민주당의 국민경선제를 지켜냈다'는 자부심을 갖게 됐습니다. '정치자금 양심 고백을 한 최초의 정치인'이라는 명예도 얻었습니다. 반면에 '현실감각이 부족한 정치인'이라는 비아냥을 듣기도 했습니다. 지난 경선에서 저를 지지하던 분들조차 "현실정치인 김근태는 끝났다"며 등을 돌릴 때는 참담하기도 했습니다.

그러나 저는 제 선택을 후회하지 않습니다. 제가 선택한 길은 역사를 발전시키는 길이고 희망의 길이라고 믿기 때문입니다. 많은 분들이 '어리석다'고 비웃더라도 '김근태의 길'을 만들어가겠습니다. 어렵고 힘들 때마다 지난해 3월에 제 마음속에서 주고받았던 대화를 기억하겠습니다. 이제, 국민 여러분의 마지막 판결이 남았습니다. 여러분의 판결을 기다리겠습니다.

후일 김근태는 "내가 정치자금 문제를 처음 고백할 때만 해도 왜 도움을 준 사람을 파느냐고들 했지만, 썩은 상태로 정권 교체를 할 수는 없는 일이다, 우선 정치자금에서 자유롭지 못했던 나 자신부터 고백하고 가야 한다고 생각한다"고 말했다.

결국 그의 깨끗한 정치를 위한 정치 개혁은 2003년 겨울 범국민정치개혁협의회의 국민적 논의를 거쳐, 1회 1백만 원 이상, 연간 5백만 원 이상을 낸 기부자의 명단과 내역을 신고하고, 무정액 영수증 제도를 폐지하게 하는 한편, 가장 돈이 많이 들고 부패를 양산했던 지구당 제도와 법인과 기업의 개인 후원 제도를 폐지하게 했으며, 선거공영제 등을 골자로 하는 정치자금법 개정안이 국회를 통과하게 했다.

2011년 늦여름이 지나고 가을바람이 불자 김근태에게 또다시 폭삭 앓는 연례행사가 찾아왔다. 그런데 김근태의 몸 상태가 지난 해들과 달라 보였다. 더 심하게 앓았다. 인재근 여사가 기운 내라는 뜻으로 "4선 의원 해야지. 자꾸 아프면 어떡해?" 하자 김근태가 예의 진지한 투로 답했다. "4선 의원 되는 거, 생각해봐야 해. 전처럼 청렴하게 할 수 있으면 하고 아니면 인재근이 해."

가족들 모두가 놀랐다. 김근태 자신의 입에서 정치를 안 할 수 있다는 이야기가 처음으로 나온 것이다. 김근태가 제2차 민주대연합을 통해 보수 정권을 교체해야 한다는 내용의 국민제안문을 다듬고 있을 때였다. 인재근 여사에게 이 이야기를 전해 듣고 생각했다. 2002년 3월 3일 김근태의 정치자금 양심 고백이 그날로 끝난 것이 아니었다는 것을, 그로부터 9년이 넘도록 그가 정치인으로 살았던 순간들 모두가 양심 고백의 순간이었다는 것을. 비록 자신으로부터 비롯된 깨끗한 정치가 제도로 뒷받침이 되었어도 결국 인간 스스로의 양심과 의지가 곧게 서지 않으면 안 되는 것임을 말이다.

깨끗한 정치를 한다는 것, 참으로 힘든 일이다. "청렴하게 할 수 없을지 모른다"는 그의 말은 오히려 그가 이제까지 정말 청렴하게 살았다는 역설로 들렸다. 이후 건강이 더 악화되면서 김근태는 내게 "후배들한테 정말 많이 미안해. 김근태가 큰 역할을 해야 후배들도 할 일이 많고, 또 정치적으로 성장할 수 있는데"라고 말하면서 진한 아쉬움을 토로했다. 그의 "청렴하지 못할 것 같다"는 말은 이제 힘 있는 지인들한테 후배들을 부탁하고 싶은데 정치인이 그러면 안 되니까 인재근 여사한테 정치를 하라는 의미 같았다. 2011년 늦여름, 김근태는 또 한 번의 정치자금 양심 고백을 한 셈이다. 정치인 인재근에게는 청렴을, 자신을 따랐던 후배들에게는 미안함을 고백한 셈이다.

2장

이제 우리의 전선은 시장에 있다

민주화가
밥 먹여주나?
민주화만이
밥 먹여준다

'패자부활전이 보장되지 않는 사회'는
필연적으로 수많은 패자를 만들 수밖에 없습니다.
그리고 그 많은 '패자들'에 대한 부담은
우리 사회가 감당할 수밖에 없습니다.

민주주의와 정치 개혁을 위해 평생을 싸워온 김근태. 그 투쟁의 내용과 역사에 관해서는 많은 사람이 알고 있지만, 민주 투사에서 현실정치인이 되고 난 후 그가 경제민주화, 더 나아가 경제인간화를 위해 싸워왔다는 것, 또한 외환 위기 이후 '개혁'이라는 이름표를 달고 무차별적으로 들어온 신자유주의에 맞서 중산층과 서민의 편에 서서 정책을 펼쳤다는 것을 아는 사람은 많지 않다.

2007년 민주화가 밥 먹여주느냐?는 비판적 여론은 이명박 대통령을 당선시키는 데 일조했다. 경제 문제를 해결하는 데는 보수가 더 유능하다는 생각 때문이었다. 그러나 밥을 짓는 건 경제 권력이지만 밥상을 어떻게 차리느냐는 시장의 법칙을 만들고 조정할 수 있는 정치권력의 의지에 달린 문제다. 정의와 도덕이 새로운 정치 리더십으로 부상하고 있는 것은 그래서 중요하다. 정의와 공평의 원칙에 따라 차려진 밥상은 어떤 모습이고 그 밥상을 어떻게 고루 받을 수 있을 것인가?

_'제2차 민주대연합을 위한 국민제안문'(미발표)

김근태는 민주주의의 경제적 의미를 분배요 사회보장이라고 보았다. 시장에서도 인간의 기본권이 보장됨을 의미하는 것이다. 다시 말해 경제민주화란 시장의 경쟁 체제가 만들어낸 양극화를 해결하는 방법이다. 늘 불안한 비정규직, 일해도 최저생계가 보장되지 않는 근로빈곤층, 월급으로 이자도 못 갚는 '하우스푸어(House Poor)'가 양산됨에도 불구하고 재벌 대기업은 날로 확장해가는 사회는 구조적으로 불평등한 사회이다. 따라서 경제민주화를 이루려면 불평등으로 이익을 누리는 수혜자가 불평등으로 희생을 강요당하는 피해자에게 이익의 일부를 배분해야 한다. 이는 김근태가 주장하는 사회적 대타협의 원리와도 같다.

'인간화의 구현'이 새로운 슬로건이 될 수 있을지 고민하고 있다. 인간화라는 말에는 우선 민주주의와 서민 정신을 전제로, 특권과 몰상식을 배격하는 의미가 있다. 우리가 제시할 대안 정책의 핵심은 신자유주의에 의해 생산된 모순의 결과물, 비정규직, 시장만능주의, 복지 사각과 사회 안전망 부재, 경쟁주의 교육 등에 대해 답하는 것이다. 이것을 한마디로 인간화라고 하면 어떨까? 고민의 대목이다. 공정한 사회, 선진국 담론을 보수에게 빼앗긴 것은 실로 타격이 크다.

_'제2차 민주대연합을 위한 국민제안문'(미발표)

신자유주의 시장 시스템을 일컬어 누군가는 "1원 1표의 사회"라고 부른다. 돈을 가진 만큼 권리가 있다는 말이다. 돈이 없어도 적어도 권리만큼은 평등한 1인 1표의 민주주의 기본 원칙이 훼손되고 돈이 없으면 권리도 없다는 것을 당연한 '룰'로 받아들여야 한다는 식이다. 김근태는 1인 1표의 민주주의가 경제에서도 실현되도록 미국이 아닌 스웨덴 식 시스템을 만들어야 한다고 주장했다. 그 누구든 정치적으로 경제적으로, 1인 1표의 사회에서 살아갈 수 있게 하는 것, 이것이 그가 끊임없이 노력했고 주장했던 경제민주화, 더 나아가 김근태가 마지막까지 주장한 경제인간화의 길이다.

신자유주의는 정권보다 길다

김근태는 그 어떤 정치인보다 많은 화두를 던졌고, 국민경선부터 공공주택 분양 원가 공개까지 아무도 건드리지 않으려던 문제들을 사회 이슈로 이끌어냈다. 그런 그의 마지막 전선은 뜻밖에도 '신자유주의'였다.

김근태는 정치인으로서, 그리고 복지 정책을 펼치는 수장으로서 마주하는 사안 하나하나마다 무엇이 서민들을 생존의 공포로부터 구하는 길인지를 고민했다. 젊은 실업자들을 걱정하고, 직장·결혼·아이를 포기한 '3포 세대'에 진심으로 미안해했다. 비정규직, 그리고 한국에만 유독 많은 자영업자를 걱정했다.

가정경제의 몰락과 재개발 등의 지난한 굴곡을 몸소 겪고, 경제학을 전공한 그에게 시장, 특히 부동산 문제는 언제나 마음 한켠에 품고 산 고민이자 숙제였다. 하지만 1990년대 한국 사회에서 민주화는 보다 중요한 선결 과제였고, 민주화가 이뤄지면 먹고사는 것 또한 한결 나아지리라 생각했다. 그도 그럴 것이 DJ의 국민정부와 노무현의 참여정부를 거치면서, 국가보안법이란 망으로 '빨갱이'를 걸러내던 권력의 전선은 점차 희미해졌다. 처절한 싸움 속에 얻고자 했던 민주주의가 드디어 이루어진 것처럼 보였다. 그런데 먹고사는 문제는 전혀 나아지지 않았다. 한 손에는 서민 경제의 깃발을 들고 또 한 손에는 세계화와 경제 개혁을 부르짖는 깃발을 들었지만, 오히려 군사독재 시절보다 지니계수*는 높아지고, 서민 경제

* 소득 분포의 불평등도를 측정하기 위한 계수. 0에 가까울수록 소득 분포가 평등하다고 판단한다.

는 악화되었으며, 양극화를 넘어 극소부(極小富)와 극대빈(極大貧)의 사회로 변해갔다. 그러자 사람들은 심판을 내렸다. '경제 대통령'이라던 이명박 대통령에게 정권을 넘겨준 것이다.

DJ 정부와 노무현 정부의 경제 관료, 경제학자 등 신자유주의자들은 시장의 본질을 '교환'이 아닌 '경쟁'에 있다고 보았다. 경쟁만 제대로 하면 모든 불합리가 없어진다고 했다. 이런 틀에서 공기업 민영화, 고용시장의 유연성, 규제 완화, 금융시장 개방을 주장했다. 하지만 김근태는 국가보안법이라는 전선보다 훨씬 더 무서운 게 이처럼 시장의 경쟁 원칙을 공공의 영역으로 끌어들이는 것이라 생각했다. 따라서 시장 안에 '민주주의'를 지키는 전선을 펴지 않으면 서민과 국민을 지킬 수 없다고 보았다. 시장의 폭력성을 제어해 경제민주주의와 경제인간화를 이루지 못하면 우리 모두 시장에 당하고 만다는 결론을 내린 것이다.

그리고 김근태는 실천을 통해 경제민주주의와 경제인간화의 희망을 보여주었다. 김근태가 공공주택 분양 원가 공개를 처음 들고 나왔을 당시 야당은 물론 노무현 대통령마저 비난을 퍼부었다. 그런데 지금은 예전부터 그래 왔던 것처럼 당연하게 받아들여지고 있다. 김근태의 주장이 자연스럽게 세상 속으로 스며든 것이다. 개발

이익 환수 제도, 토지초과이득세, 토지 공개념 등등이 모두 그렇게 받아들여졌다.

이제 더 이상 신자유주의 경제 개혁은 중산층과 서민의 길이 아니라는 분명한 사실을 확고부동하게 주장해야 한다. 무엇이 잘못이었는지 분명하게 고백해야 한다. 그리하여 정치·경제·사회·문화 권력 내에 깊숙이 자리 잡은 채 제도적이고 구조적인 실행을 반복하는 신자유주의의 독소를 걸어내야 한다. 그러지 않으면 설령 2012년에 정권 교체에 성공하더라도 중산층과 서민의 미래는 없다. 민주 진보 세력이 역사의 책임을 다할 기회를 세울 수도 없다. 신자유주의의 생명력은 정권의 임기보다 훨씬 길기 때문이다.

_'제2차 민주대연합을 위한 국민제안문'(미발표)

잘사는 사람과 못사는 사람이 협력을 하고,
노동자와 사용자, 정부가 다시 한 번 머리를 맞대보자.
불만스럽더라도 조금씩 양보해가면서
경제를 살리고 복지를 확보하자.
당신도 어렵지만 나도 어렵다고 생각해야 합니다.
그래서 실패한 사람들의 부담을 나누어 갖고
다시 일어설 수 있도록 도와야 합니다.

시장에
맡길 수 없는
것들이 있다

부동산을 시장에 맡기자는 말은
투기와 불로소득을 방치하겠다는 말입니다.
집을 돈벌이 수단으로 삼지 않는다는
사회적 규범을 만들어야 합니다.

김근태는 평소 경제 문제를 꾸준히 공부했다. 특히 외환 위기 이후 도입된 신자유주의에 대해 연구하면서, '그렇다면 다른 나라는 구제금융을 받은 이후 어떻게 되었나?'를 주로 살펴보았다. 영국과 멕시코의 사례를 조사하다 보니, 구제금융 이후의 경제 변화 패턴이 보였다. 가장 두드러지는 특징은 양극화, 특히 자산 양극화였다. 우리나라의 경우 구제금융 이전에 강남과 강북의 아파트 가격 차이는 몇천만 원 정도였지만, 구제금융 이후 강남의 아파트 값은 가파른 상승세를 타게 된다. 대치동 은마아파트를 보자. 2003년 2억 5천만 원에서 2007년 11억 원까지 올랐다. 이는 고스란히 서민들에게 부담으로 돌아왔다.

시장 중심의 경제 정책을 펼치던 참여정부는 이처럼 서민에게 경제적으로 큰 부담을 안겼고, 분노하고 절망한 서민들은 하나 둘씩 열린우리당에 대한 지지를 접었다. 그러자 열린우리당 안에서 이내 자성의 소리가 나왔고 분양 원가 공개를 총선 공약으로 내걸게 되었다.

김근태는 경제민주주의와 경제인간화를 위해 정부가 부동산 가격을 꼭 잡아야 하고, 이를 위한 첫걸음이 분양 원가 공개라고 생각했다. 또한 이는 열린우리당의 공약이었기 때문에 꼭 지켜야 한다는 입장이었다.

아파트 분양 원가 공개는 개혁이 아니라고 생각한다. 이것은 대통령의 소신이다. 장사하는 것인데 10배 남는 장사도 있고 10배 밑지는 장사도 있고, 결국 벌고 못 벌고 하는 것이 균형을 맞추는 것이지, 시장을 인정한다면 원가 공개는 인정할 수 없다.

_2004년 6월 9일, 노무현 대통령, 민주노동당 지도부 청와대 초청 만찬에서

vs

결론부터 말하면 국민과 약속한 공공주택 분양 원가 공개를 여전히 긍정적으로 검토해야 한다는 것이다. 당정, 당청 간에 치열하게 논쟁하는 것을 두려워해서는 안 된다. 오히려 공공주택 분양가 문제와 같은 중요한 문제에 대해 치열하게 논쟁해 결론을 도출할 때, 여타의 다른 문제들을 쉽게 풀어갈 수 있다. 계급장 떼고 치열하게 논

쟁하자. 그러고 나서 질서를 고려하자.

일부에서 말하는 시장 논리를 부정하고 싶은 생각은 추호도 없다. 다만 공공주택 공급은 서민을 위한 공공재적 성격이 강하다는 점에 주목해야 한다. 따라서 이를 일반 기업의 이윤 창출 논리와는 다른 각도에서 접근하는 것 역시 정당하다. 그런 차원에서 공공성을 중심으로 사고할 때 공공주택의 분양 원가를 공개하는 것을 전향적으로 검토하는 것이 마땅하다고 생각한다.

_2004년 6월 14일, 분양 원가 공개와 관련한 김근태 의장의 성명문 '소리 나는 것을 두려워 말자!'

그러나 2004년 6월 9일, 노무현 대통령이 공공주택 분양 원가 공개에 반대한다는 입장을 내놓자 문희상, 유시민 등 열린우리당 간부와 경제관료 등이 노 대통령의 발언을 적극 지지하고 나섰다. 대부분의 열린우리당 의원들은 모두 침묵했다. 그때 김근태는 달랐다. 수돗물이나 쌀처럼 주택은 살아가는 데 반드시 필요하다, 이윤을 위해 움직이는 시장에만 맡겨둘 수 없는 공공재적 성격이 강하다, 그래서 서민을 위한 주택 정책은 기업의 이윤보다 주거 안정을 돕는 방향이어야 하므로 공공주택의 분양 원가를 공개해야 한다는 입장을 분명히 했다. 게다가 아파트 분양 원가 공개는 불과 2개월

전에 치러진 총선에서 열린우리당이 내건 공약이었다.

그런데 대통령의 말 한마디에 당과 정부 모두가 다른 목소리를 내지 못하고 냉가슴만 앓고 있었다. 분양 원가 공개 문제에서 대통령의 소신에 반대하면 '시장 논리를 거스르는 것'이 되는데 이 점이 많이 부담스러웠던 듯하다. 당시 시장은 거의 '종교'와 같았다. 시장 논리를 거스른다는 것은 사회주의자로, 혹은 자본주의의 근본을 부정하는 것으로 간주되었다. 격변의 근현대사를 보내온 우리나라에서 이는 정치인에게 꽤 치명적인 평가였다.

언론은 아파트 분양 원가 공개와 관련한 갈등을 김근태와 노무현의 대결 구도로 몰아갔다. 특히 "계급장 떼고 치열하게 논쟁하자!"라는 말만 부각시켜 '대통령과 맞장 뜨는 김근태'로 몰아갔다. 그러나 성명문 전문을 살펴보면, 그렇게 강경한 태도가 아니었다. 당과 정부와 청와대가 의견이 다를 수 있다, 소리 나는 것이 두려워 국민과의 약속을 헌신짝 버리듯 해서는 안 된다는 취지의 발언이었다.

IMF 이후 신자유주의 시장경제 시스템이 만드는 저성장, 고실업과 더불어 자산 양극화 문제를 우리 사회의 가장 큰 위협으로 인식한 김근태로서는 묵과할 수 없는 사안이었다. 시장 경쟁에서 이겨야만 집을 가질 수 있는 부동산 정책이라면 집 없는 서민, 결혼을 앞둔 젊은 세대에게 내 집 마련은 요원할 수밖에 없기 때문이었다.

그로부터 2년 뒤 노무현 대통령은 분양 원가 공개를 지지하는 쪽으로 입장을 바꿨다. 집권 후반기를 맞은 참여정부는 부동산 가격 사상 최대 폭등이라는 전리품(?) 앞에서 소신을 바꾼 것이다. 노 대통령은 분양 원가 공개에 대해 "거역할 수 없는 흐름이라고 본다"고 답했다. 그 "거역할 수 없는 흐름"은 다른 말로 하면 '시장 논리'에 맞서는 일이었다.

대한민국 국민 모두는 행복하게 살 권리, 행복추구권이 있다. 헌법이 보장하는 권리다. 당연히 국가는 행복추구권에 부합하는 정책을 펼 책임이 있다. 집 없는 사람에게 2년마다 기하급수적으로 오르는 전셋값은 폭력이나 다름없다. 집값은 더하다. 웬만한 월급쟁이는 월급 한 푼 안 쓰고 숨만 쉬고 살아도 10년 안에 집을 사기 어렵다. 그런데 서민의 주거 안정보다 시장의 논리를 앞세운다면 이는 분명 또 다른 국가 폭력이다. 공공주택 분양 원가 공개에 대해 "계급장 떼고 치열하게 논쟁하자!"는 김근태의 말에는 이러한 뿌리 깊은 신념이 자리하고 있었다. 5년 뒤 그는 한 인터뷰에서 다음과 같이 소회를 밝혔다.

참여정부에서 잘한 것도 많지만 잘못한 것 중의 하나가 부동산 투기를 막지 못한 거였거든요. (……) 부동산 투기를 잡을 수 있는 계기였는데 제가 정치력을 모으지 못해 초기에 분양 원가 공개를 관철시키지 못함으로써 정권이 저쪽으로 넘어가는 데 하나의 큰 요인이 됐다고 생각합니다.

_〈폴리뉴스 · 폴리피플〉, 김능구 〈폴리뉴스〉 대표의 김근태 인터뷰(2009. 9. 16)

집값이 천정부지로 치솟던 참여정부 시기, 그때 제때에 효과적인 부동산 정책을 내놓아 집값을 잡았더라면 어땠을까. 지금 '하우스 푸어'라고 불리는 사람들 대부분이 그 시절 오를 만큼 올라버린 값에 집을 사느라 무리하게 대출을 받았던 이들이 아닌가. 그때 버블을 잡지 못한 후유증을 고스란히 겪고 있는 지금의 현실을 보면서 다시 한 번 김근태를 떠올리게 된다.

"평화가 유지돼야 경제를 운영할 수 있습니다. 분단국가이자, 정전협정 상황에 있는 우리에게는 '평화가 곧 밥'입니다. 평화가 깨지면 경제가 흔들립니다. 밥그릇이 깨지는 것입니다." 남북관계가 경색되던 2006년 10월 20일, 김근태는 모두의 반대를 무릅쓰고 개성공단을 방문해서 이렇게 외쳤다. 그리고 2011년 초여름 어느 날, 여의도에서 도봉지역사무실으로 가던 중에 갑자기 말했다. "최상명, 2006년 10월에 개성 갔었잖아? 그때 30초 정도 연단에 올라가서 인사한 것 가지고 춤판이라고 많이들 비판했잖아? 그때 내가 '적절치 못한 처신으로 국민들에게 오해를 사서 유감이다' 이렇게 얘기했잖아? 그런데 말이야, 우리가 그때 이렇게 얘기했어야 했던 거 아니었나? 춤췄다. 어쩔래? 평화를 위해서라면 수백 번이라도 춤출 수 있다. 어때, 멋있지 않아?"

미래 생존권을
생각한다

그러나 더 무서운 것은 외환 위기 이후였습니다.
이때부터 전에 없던 노숙자가 양산되었습니다.
가슴 아프게도 경제체제가 바뀌고 세상이 바뀐 징표가
노숙자였던 것입니다.

보건복지부 장관 김근태는 공공복지의 영역을 끊임없이 침투하는 신자유주의와 싸워야 했다. 공공 영역은 서민들의 실질적 삶의 영역과 맞닿아 있기 때문에 섣불리 판을 내줄 수는 없었다. '경제 인간화'라는 그의 평소 신념에서 볼 때는, 국민연금의 무차별적인 활용과 영리 의료법인의 허가는 현재 시점에서 앞으로 발생하리라고 예상되는, 아무도 확신할 수 없는 미래의 이익을 위해 모든 국민의 미래 생존권을 담보로 내놓는 것이나 마찬가지였다.

국민연금, 목숨 걸고 지키겠다

참여정부 시절, 경기 진작을 위해 국민연금 기금을 사용하는 것을 골자로 하는 '경제 활성화를 위한 종합 투자 계획'이 발표된다. 김근태는 정부와 국민이 함께 모아가는 국민연금이 무차별적인 투자에 쓰여 부실화될 것을 크게 우려했다.

이미 1백조 원이 넘어섰고 멀지 않은 미래에 수백조로 불어날 돈을 어떻게 운용할 것인가에 대해 경제부처가 고민하는 것은 당연합니다. 하지만 국민연금은 좀 특수합니다. 국민 여러분께서 땀 흘려서 알토란처럼 적금을 넣은 국민연금을 어떻게 사용할 것인가에 대해서는 좀 더 면밀한 검토와 토론이 필요하다고 생각합니다. 곳간에 곡식을 차곡차곡 쌓아올린 국민 여러분의 심정을 이해한다면 그 용처에 대해 아무리 신중해도 지나치지 않다고 생각합니다.

'콩 볶아 먹다가 가마솥 다 태운다'라는 말이 있습니다. 애초의 취지에 맞지 않게 잘못 사용하면 제도의 근간이 흔들릴 수 있다는 뜻이겠지요. 국민연금이라는 가마솥이 국민 여러분의 노후를, 21세기 대한민국의 미래를 안정되게 만드는 기둥이 될 수 있도록 장관으로서 최선을 다하겠습니다.

_2004년 11월 19일, 김근태 보건복지부 장관이 보건복지부 홈페이지에 게재한 '국민연금 사용처에 대한 입장'

2004년 '경제 활성화를 위한 종합 투자 계획'의 핵심은 정부가 경기 부양을 위한 한국판 뉴딜 정책에 국민연금을 포함한 연기금을 적극 동원하는 것이었다. 김근태는 정면으로 반대했고, 이 문제는 참여정부의 경제부처와 사회부처 간의 갈등으로 비화되었다. 심지어 김근태에 대한 경제부처의 모략까지 더해져 일촉즉발의 국면까지 가게 되었다.

경기 부양은 참여정부의 절대 목표로 부상할 만큼, 경기 침체의 책임에 대한 보수 언론의 공격이 집요했다. 이때를 틈타 경제 관료들은 국민연금 활용의 명분을 잡고 국민연금만 활용되면 곧바로 경기 진작이 가능할 것처럼 선전했다. 바로 그때 김근태라는 벽에 부딪힌 것이다. 당시 "김근태가 BTL*을 반대한다"고 청와대에 보고되었고, 남미를 순방중이던 노무현 대통령이 나중에 이 사실을 알고는 대노했다는 보도가 나왔다.

"김근태가 BTL을 반대한다"는 것은 분명 왜곡된 보고였다. 김근태는 국민연금이 BTL 사업에 동원되는 것을 반대하고, 국민연금은 본연의 사업에 국한시켜 안정되게 운영하자고 주장한 것이다. 당시 김근태는 정면으로 붙을까 생각하다가, 그러면 참여정부가 무너진다는 생각에 유감을 표명하고 뒤로 물러났다. 이후 국민연금의 대체 투자는 안정성과 수익성, 그리고 공공성의 기준을 세워 집행하고 있다는 소식을 들었다. 당시 상황을 김근태는 5년이 지난 뒤 이

* 사업 진행 과정의 영어 첫 글자들을 조합해 생긴 용어. 말 그대로 건설사들이 공공시설을 '건설(Build)'하면 건설이 끝나는 시점에 소유권이 정부에 '이전(Transfer)'되고, 이후 정부가 내는 '임대료(Lease)'를 통해 투자 자금이 회수되는 사업을 말한다.

렇게 회고했다.

제가 이헌재 경제부총리하고 김병준 전 정책실장한테 "경제부처 장관이 국민연금을 마음대로 가져다가 BTL 사업에 쓰겠다" 이렇게 발언하는 건 묵과하지 않겠다고 경고를 했어요. 그건 국민들이 자신들의 노후를 위해 낸 연금이니 정부는 그것을 지킬 책임이 있다고요. 안전성, 수익성을 지킬 책임이 있는데 경제부처 장관들은 그걸 이자도 제대로 안 준 경우가 많았습니다. 그건 용납하지 않겠다고 경고를 했음에도 불구하고 BTL 사업에 쓰겠다고 해서, "국민연금은 하늘이 무너져도 지키겠다" 이렇게 얘기했죠.

_〈폴리뉴스 · 폴리피플〉, 김능구 〈폴리뉴스〉 대표의 김근태 인터뷰(2009. 9. 16)

논쟁 당시의 국민연금 규모는 1백 28조 원 정도였다. 지금 국민연금 자산 규모는 2012년 8월 말 기준으로 3백 80조 원에 이른다. 연기금 세계 3위의 규모다. 국민연금공단 추정에 따르면 2020년에 9백 24조 원, 2043년에는 2천 4백 65조 원으로 정점에 이르게 된다. 젊고 무한히 성장하는 연금인 것이다.

규모가 커져가는 국민연금은 김근태의 약속처럼 국민의 노후를, 21세기 대한민국의 미래를 안정되게 만드는 기둥이 되어야 한다.

정권이 바뀌고 경제가 어렵다고 국민연금의 본래 목적을 파기하는 순간, 국민의 노후와 젊은이들의 미래는 없다. 사회는 경제성장의 한 축과 사회 안전망의 다른 한 축이 서로를 보듬고 가는 보완적 관계가 건강하게 유지될 때 발전한다. 돌아보면 김근태와 경제부처 간의 갈등은 시장경제의 폭력 속에서 국민연금이라는 노후 대비가 얼마나 소중한 것인지를 국민들에게 알려주는 경종이 되었다.

병원은 시장에 맡길 수 없다

2005년 12월, 한반도재단의 격주 토요 모임이 있는 날이었다. 장관직을 그만둔 이후의 거취에 관한 논의를 마치고 내가 이야기를 꺼냈다.

"보건복지부 장관으로서 스스로를 어떻게 평가하세요?"

"당신이 평가해봐."

"에이즈 환자와도 직접 손을 잡으며 위로하고 격려하고, 원폭 피해자 2세들도 최초로 방문하시고, 소록도에 방문하여 손잡아주신 최초의 장관이시고, 또 루게릭병 등 희귀병 환자들에 대한 사회적 관심도 유도하셨으니 세간의 평가는 좋을 듯합니다."

잠시 웃음 짓던 김근태 의장에게서는 전혀 다른 얘기가 나왔다.

"최상명! 에이즈보다 무서운 게 무엇인지 알아? 생명을 다루는 의료기관에 시장 바이러스가 들어오는 거야, 난 그렇게 느껴. 언젠가는 경제 관료들 논리에 밀려 영리 의료법인이 허가되겠지? 내가 보건복지부를 떠나면서 제일 걱정되는 게 그거야. 다음 보건복지부 장관으로 검토되는 사람이 유시민이라지? 그런데 유 의원이 영리 의료법인을 찬성한다고 시민단체가 벌써부터 반대하겠다는 얘기를 들었어. 좀 불안해. 한 곳에서 열리면 결국 다 열리잖아? 그래서 제주도나 경제자유구역 등을 예외로 두자는 논리를 거부했던 건데……."

신자유주의의 골자는 경쟁과 효율이다. 공공 영역에서는 효율도 중요하지만 안정적이고 보편적인 서비스 제공이 가능한지도 따져봐야 한다. 그러나 경제 관료들과 재벌들은 의료법인을 영리화하자는 요구까지 내세웠다. 우선 경제특구에 한정해서 허가를 하자는 것이다.

영리 의료법인을 허용하면 환자들에게는 어떤 피해가 가게 될까. 민주당 전혜숙 의원은 "영리 병원은 고가 서비스를 환자에게 적극 권하고, 의학 지식이 없는 환자는 이에 따를 수밖에 없다. 그래서 전반적인 의료비가 상승하는 것이고, 이는 미국의 사례에서 검증됐다"고 국회 대정부 질의에서 발언했다.

다큐멘터리 영화 〈식코(Sicko)〉(2007)의 한 장면은 이를 우리에게 섬뜩한 현실로 알려준다. 기타 연주가 취미인 릭은 전기톱으로 나무를 자르다가 왼손가락 두 개가 잘려나가 응급실에 실려 간다. 의료보험이 없던 그에게 병원은 협상안을 내놓는다. 완전히 잘린 중지를 붙이는 데만 6만 불이지만 중지 접합 수술을 받으면 약지는 '할인가'를 적용해 1만 2천 불에 해주겠다는 이야기였다. 고민하던 릭은 약지 하나만 1만 2천 불에 붙이기로 한다. 나머지 '비싼' 중지는 수거함에 담겨 쓰레기 매립지에 버려진다.

사회보장의 핵심은 인간으로서의 기본 생존권을 보장받아야 한다는 것이고, 그중에서 의료 서비스는 생명과 직결되어 있다. 자본주의 선진국인 미국에서 5천만 명이 의료법인 사각지대에 놓여 있다는 것은 우리에게 시사하는 바가 크다. 의료를 산업으로 볼 것인가, 복지 문제로 접근할 것인가는 철학과 이념 문제가 복잡하게 맞물려 있다.

김근태는 당시 국무회의에서 영리 의료법인 허용을 공개적으로 반대했다. 그는 반대도 반대이지만, "우리가 이렇게 치열한 논쟁을 했다는 것을 국무회의 회의록에 남겨야 한다"고 굳게 믿었다. 후임 장관이 오든 차기 정부가 들어서든, 그들에게 당시 어떤 고민을 했는지를 남겨 같은 실수를 되풀이하거나 필요 없는 논쟁은 피하게 해주어야 한다고 생각했기 때문이다.

영리 의료법인 문제는 그에게 대다수 국민의 의료 생존권이 달린 굉장히 중요한 전선이었기에 목숨을 걸고 막아선 것이다. "이념 지향적인 정치가"라거나 "사회주의자"라는 융단폭격이 쏟아졌지만, 김근태는 이런 반응을 오히려 즐겼다. 이를 통해 자신의 주장이 전선으로 받아들여지는 것을 확인한 셈이었으니까.

2012년 4월 17일, 정부는 이명박 대통령 주재로 국무회의를 열고 외국 의료 기관의 설립과 규정 내용을 담은 '경제자유구역 지정·운영에 관한 특별법 시행령' 개정안을 의결했다. 외국 영리 병원 설립이 제도적으로 추진될 수 있도록 법적 근거가 마련된 것이다. 결국 의료법인 영리법인화의 물꼬가 터진 셈이다. 이로써 김근태 의장이 염려했던 대로 생명을 다루는 의료 복지의 공공 영역에 시장 논리가 침투하게 되었다.

국민에게 다시 무지개를 볼 수 있다는
희망을 주는 것이 정치권의 임무입니다.
국민들이 먹고사는 문제를 해결하지 못하는
정치는 존재할 필요가 없습니다.
거추장스럽고 소모적인 액세서리에 지나지 않습니다.

'진실의 순간'이 우리 앞에 왔습니다

정부가 간섭하지 말고 시장에 무조건 맡겨 두라는 신자유주의,
시장지상주의는 현실에 존재하지 않습니다.
지금도 미국은 수퍼 301조, 반덤핑법 등으로
시장에 적극 개입하고 있습니다. 대표적인 시장규제 법률인
독과점 규제법은 미국과 영국에서 먼저 생겼습니다.

수많은 논란을 불러일으키는 한미 FTA(자유무역협정). 경제인간화를 중시하는 김근태는 FTA에 대해 어떤 생각을 가지고 있었을까?

김근태는 FTA 자체를 반대하지 않았다. 그가 고민했던 것은 협상 전략이었다. 자본과 기술, 군사를 포함한 모든 분야에서 선진·강대국인 미국과 우리나라가 FTA를 체결한다면? 우리는 그들의 큰 경제 규모와 협상 전략에 분명 먹히고 말 것이라는 게 김근태의 생각이었다. 김근태는 한미 FTA가 신자유주의 시스템의 고착화를 불러올 것이라고 협상 초기부터 강조했다. FTA를 추진하더라도 우리 경제에 큰 타격이 없는 나라들부터 시작한 뒤, 그 경과를 보아가며 한·중·일 역내 공동 FTA를 우선 실시하고 유럽과 미국으로 단계적으로 나아가는 전략을 펴야 한다고 주장했다.

그의 생각과는 달리, 참여정부는 한미 FTA 체결을 밀어붙였고, 2007년 3월 27일, 김근태는 한미 FTA가 또 다른 저성장과 더욱 심각한 양극화를 가져올 수 있음을 국민 앞에 고백하고 협상을 중단

할 것을 촉구하며 단식 농성을 시작했다.

열린우리당 김근태 전 의장이 단식 농성에 동참했다. 그는 기자회견을 갖고 단식 농성 대열에 가세한 이유에 대해 "집권 여당의 의장을 지낸 사람으로서 단식 농성은 적절치 않다는 지적을 무겁게 받아들였지만 다른 방법이 없었다"고 말했다.

그는 또 단식 기간을 한미 FTA 협상 시한인 이달 31일까지로 정한 것과 관련해 "협상 시한에 쫓겨 불평등한 방향으로 협상이 진행되면 보다 진전된 형태로 국민과 나설 것"이라고 말했다. 김 전 의장은 이어 "단식이 이 김근태에게 생채기가 될 수도 있지만 생채기를 피할 수 없었다"고 밝혔다.

_〈연합뉴스〉(2007. 3. 27)

당시 당의 입장은 한마디로 '뜨악'이라고 정리할 수 있겠다. 얼마 전까지 여당의 당 의장을 지낸 사람이 여당의 정책에 정면으로 반대를 하다니. 남 말 하기 좋아하는 사람들은 대권 도전을 포기한 것이냐며 수군거렸다. 국내법보다 위에 존재하는 FTA는 우리나라 경제를 세계 경제 환경에 더욱 취약할 수밖에 없는 쪽으로 몰아간다. 김근태는 FTA 이후 서민들의 삶이 어려워질 것을 걱정했다.

FTA를 무조건 반대한 것이 아니라, 서민 대책 없이 무리하게 추진해서는 안 된다는 것이 그의 뜻이었다.

2007년 4월 2일, 참여정부는 한미 FTA를 타결시켰다. 2007년 12월 19일, 정권이 보수 세력에 넘어갔다. 2010년 12월 3일, 이명박 정부는 미국과 한미 FTA 밀실 재협상을 통해 졸속으로 타결시켰다. 2011년 11월 22일, 국회 비준 동의안이 통과되었다. 2012년 3월 15일, 법안이 발효되었다. 그 과정에 민주당은 없었다. 민주당의 반성은 더더욱 없었다. 다음은 2010년 11월 2일, 김근태가 민주당 지도부에 보낸 편지의 일부로, '한미 FTA 전면 재협상을 당론으로 정해야 합니다'라는 제하의 호소문이다.

이제 더 이상 신자유주의 경제 개혁은 우리의 길이 아님이 분명해졌습니다. 우리는 그것을 고백하고 있지 않습니까? 한미 FTA도 마찬가지입니다. 지난 시기에 지지했기 때문에 앞으로도 계속 그래야 한다고 주장한다면 그것은 역사의 교훈을 외면하는 것입니다.

우리는 지난 집권 시절 국내외 신자유주의 세력의 압력과 영향력을 극복하지 못하고 휘둘렸습니다. 미국식 양극화라는 덫에 걸려 정권을 교체당하고 말았습니다. 양극화 앞에서 좌절하고 분노한 서민과 중산층의 "민주화가 밥 먹여주냐?"라는 비난 앞에서 우리는 초라

해졌던 것 아닙니까.

진정한 반성은 진정한 실천을 통해 이루어집니다. 말로만 반성한들 그 어떤 국민이 믿겠습니까. 우리 민주당이 민주·개혁·진보의 가치를 추구하는 세력이라면 반드시 지금 결단해야 합니다. 신자유주의와 한미 FTA, 그것은 우리가 갈 길이 아니었습니다. 이를 고백해야 합니다.

이제 '진실의 순간'이 우리 앞에 왔습니다. 중간은 없습니다. 시간도 없습니다. 국민과 역사의 요구에 우리는 응답해야 합니다.

관료로 입신하는 데 미국에서 공부한 학위가 필수적인 요소가 되고 있는 것이 사실입니다. 권위를 외부에서 찾는 게 단기간에 더욱 극단적으로 신자유주의를 교조적으로 추구하게 만든 원인이 아닌가 하는 생각이 듭니다. 무조건 글로벌 스탠다드에 납작 엎드리는 것이 관료들의 행동 이데올로기가 되어버린 원인인 듯합니다.

3장

김근태의 시대정신

주먹 쥐고는
악수할 수 없다

변화를 감당하고 위기를 감내한 사람들은
다음 시기를 맞을 자격이 있다.
우리가 지금 해야 할 일은 다음 시대를 향해
상상력을 넓히는 일이다.

약자가 큰 적을 이기는 전략

김근태의 정치사상을 한마디로 표현하면 '민주대연합론'이다. 대연합은 힘을 합쳐 보다 큰 적을 이기는 전략이기에 힘없는 소수자의 희망이 될 수 있었다. 대연합은 참여하는 사람들의 희생이 전제된다. 하지만 대연합이 필요한 순간, 대연합을 말하는 정치인들은 항상 '나는 예외다'를 외쳤다. 결국 김근태는 맨 앞자리를 양보했고, 대연합을 이루는 다수의 뜻에 복종하고 헌신했다.

1978년 결혼 이후 인천도시산업선교회에서 노동 상담역으로 활동하던 김근태는 1983년 대중운동가로 나서게 된다. 민청련은 그가 우리나라 민주 혁명을 완수하기 위해 결성한 대중운동 단체로, 김근태 식 '민주대연합론'의 시작이었다.

그리고 1987년 10월 16일, '민족운동의 발전과 선거를 통한 민족 자주화와 민주 혁명에 관한 나의 견해'라는 옥중 서신에서, 김근태는 1987년 대선 과정에서 민주 혁명을 이루어내기 위한 과제로 '민주대연합'을 강력하게 주장한다. 그는 서신에서 "진정한 민주 혁명을 위해, 광범한 대중에 기반한 민주대연합을 획득하기 위해 우리는 결단해야 합니다. 민주당을 비롯한 현실정치 세력과 재야 민주운동 세력, 그리고 민중운동 세력의 결합에 의한 민주대연합은 반드시 성취되어야 하며, 민주대연합을 민중운동 세력이 주도해야 합니다"라고 강변했다. 그리고 범국민적 대통령 후보로 김대중을 지지한다. 하지만 민주대연합을 이루지 못한 채 1987년 대선은 패배로 끝이 났다.

희망의 반대말은 절망이 아니다
거짓 희망이다

그리고 2007년 또다시 패배했다. 이명박 정부는 재벌과 1%만의 경제 정책을 펴나갔다. 신자유주의 경제 시스템을 가속화시켜 중산층은 무너졌고, 서민의 삶은 한계생활자 수준의 나락으로 전락하고 말았다. 촛불의 요구도 무시되었다. 이에 김근태는 이명박 정부를 '민간독재'라고 규정하고, '국민 불복종 운동'을 제안하고 역사와 서민을 위한 올바른 정권 창출을 위한 준비를 역설했다. 이것이 바로 김근태가 2012년에 '제2차 민주대연합'을 주장하고자 한 이유였다.

김근태의 제2차 민주대연합 주장은 민주당에서 환대받지 못했다. 1차 민주대연합의 과제가 '민주주의 혁명'이었다면, 2차 민주대연합의 과제는 '반신자유주의 국가 시스템 구축'이라는 시대정신에 방점을 두었는데, 이를 위해 김근태는 무엇보다 먼저 민주정부 10년을 성찰하고 반성의 고백이 전제되어야 한다고 주장했기 때문이다. 이 성찰과 반성을 전제로 놓은 그의 주장이 민주당을 불편하게 만든 것이다. 기득권 포기라는 대연합의 전제 또한 그 누구에게도 쉽게 받아들여지지 못했다. 그럼에도 김근태는 제2차 민주대연합이 시대적 과제임을 확신하면서 국민제안문을 작성하기에 이른다. 2011년 여름의 일이다. 늘 그렇듯 신중하면서도 모든 것을 고려하는 토론이 길게 이어졌다. 하지만 이 제안문은 결국 발표되지 못했다. 건강이 따라주지 못했던 것이다.

정치가가 국민에게 어떤 제안을 할 경우에는 보통 선거공약의 형태로 국민에게 다가간다. 돌아보면 김근태는 선거에 나가지 않았던

때에도 참 많은 성명을 냈다. 왜 그랬을까? 아마도 비주류 정치인의 태생적 한계였을 수도 있다. 공당의 공약을 주도하려면 당의 주류가 되어야 했다. 그러나 김근태에게 주류의 시간은 그리 많지 않았다. 보건복지부 장관 시절에는 경제 관료들의 견제가, 열린우리당 의장 시절 역시 청와대와 친노 의원들의 견제가 지속적으로 그를 비주류에 머물게 했다. 물론 타협했다면 김근태의 정치 경로는 바뀔 수 있었을 것이다. 그러나 그는 그렇게 하지 않았다. 아니, 그렇게 하지 못하는 사람이었다. 그래서 그가 믿는 국민들에게 직접 그의 생각을 알리려 했다. 김근태의 묘비에는 "나는 정직과 진실이 이르는 길을 국민과 함께 가고 싶다"라고 적혀 있다.

지금 김근태에게 시대정신을 묻는다면, 결단코 정권 교체라고 말할 것이다. 그런데 그 정권은 반드시 신자유주의로부터 국민을 지키겠다는 국가경영 철학을 실천해야 한다. 또한 국가경영 철학을 국민과 함께 설계할 때만 의미 있는 것이라 말할 것이다. 민주주의의 또 다른 전선인 시장에서 국민을 지켜낼 때만 올바른 정권 교체라고 할 것이다. 경제민주화와 경제인간화의 실현을 강조할 것이다. 사회보장과 사회 안전망, 분배와 복지가 이루어져야만 새로운 성장을 기대할 수 있다는 인식의 대전환이 시작될 때 우리의 시대정신이 현실로 다가올 수 있다는 얘기다.

경제민주화와 경제인간화는 시장에서의 평등과 차등에 관한 원칙을 정하는 일이다. 국민 모두는 헌법에 보장된 행복추구권을 누릴 수 있어야 한다. 그러기 위해 인간의 존엄성을 지키며 살 수 있는 최소한의 조치가 모두에게 평등하게 주어져야 한다. 이를 실현하는 것이 국가의 의무다. 시장 경쟁에 의해 누구는 이익을 얻고 누구는 피해를 보는 불평등이 생겨난다. 이 불평등이 정당성을 가지려면 이 이익의 일부가 소외되고 가난한 사람들에게 우선하여 분배되는 원칙이 보장되어야 한다. 이를 경제민주화요, 경제인간화라 말할 수 있다.

김근태는 반신자유주의의 대안으로 '패자부활전'이 가능한 사회와 복지 안전망의 구축을 강조했다. 시장도 '따뜻한 시장경제'여야 함을 강조했다. 그래서 대한민국이 '작은 미국(Small U. S. A)'이 아닌, '큰 스웨덴(Big Sweden)'의 모델로 가야 한다고 주장했다. 그러려면 사회적 대타협이 강조되어야 한다. 그 사회적 대타협이 경제민주화의 방법인 셈이다.

김근태는 민주주의 안에서 모든 꿈을 꾸었다. 그런데 그 민주주의가 그의 큰 희망 하나를 안타까운 미망(未望)으로 접게 한 것은 아닐까? 1995년 정치에 입문하면서 김근태는 스스로 네루의 길을 가겠다고 결심했다. 당시 세상에는 네루의 길을 가는 누군가가 필요했기 때문이다. 간디가 인도 독립을 위해 비폭력 저항운동을 벌이며 전국을 순회하고 죽음을 각오한 단식투쟁을 벌일 때, 현실주의자 네루는 간디의 그 숭고한 이상을 현실화하기 위해 정치를 했다. '네루의 길'과 '희망'은 김근태 권력의지의 칼과 성경이었다.

하지만 민주대연합이라는 그의 희망은 또 다른 희망 하나를 묻어야 하는 길이었다. 대연합의 국면에서 권력을 내려놓으면서 네루의 길을 펼치려던 그의 희망은 역사 속으로 사라졌다. 그의 곁에서 희망을 배우고 설계하던 나는 반복되는 미망을 기록해야 했다.

우리는 '나'를 주장하면서 투쟁한다. 김근태는 '나'를 양보하면서 투쟁했다.

미망이 되어버린 김근태의 희망, 적어도 김근태에게만 미망이 되었으면 좋겠다. 그의 미망을 희망으로 되살릴 의무가 내게, 또 우리에게 있다고 하면 억지일까?

1987년 김근태는 옥중에서 부인 인재근과 함께 로버트 케네디 인권상을 공동수상한다. 이날 로버트 케네디 재단은 존 F. 케네디 전 미국대통령의 조카이자 로버트 케네디 전 상원의원의 딸인 미국 인권운동가 캐리 케네디를 한국에 보내 명동성당에서 김수환 추기경이 보는 가운데 시상식을 열었다. 김근태 대신 어린 아들 병준과 딸 병민이 함께하면서 참석한 사람들의 심금을 울렸다. 이 사진은 김근태의 빈자리를 아쉬워하며 그의 명패를 기념 촬영한 것이다.

2012년을 점령하라

세계는 격동하고 있다. 튀니지, 이집트, 리비아 등에서 시작된 아랍의 봄, 그리스 구제금융으로 상징되는 잔혹한 유럽의 여름, 월 가를 점령하자는 뉴욕의 가을, 그리고 월 가 점령에 대한 다른 도시들의 공감, 급기야 10월 15일 전 세계 곳곳에서 월 가 점령 시위 동참…….

월 가 점령 시위가 확산되자 미국의 언론, 학계, 정치권이 술렁이고 있다. 보수 쪽에서는 '폭도'라는 말까지 사용해가면서 월 가 점령 운동을 폄하하고 있고, 진보 쪽에서는 자본주의의 종말을 알리고 새로운 세상을 여는 역사의 순간으로 칭송하고 있다. 그러나 월

가 점령에 나선 사람들이 폭도로 여겨지지도 않고, 미국이 주도하는 자본주의가 당장 붕괴되고 있는 것 같지도 않다. 양 진영의 주장이 워낙 강력하고 방대하게 쏟아져 나오는 관계로 자칫 생각과 판단의 길을 잃을 확률이 높아졌다. 월 가 점령 운동에 대한 양극단 사이에서 길을 잃지 않기 위해 우리는 차분히 묻고 냉철하게 대답해야 한다. 우선 미국인들은 왜 월 가를 점령하자고 외치고 있을까? 그리고 전 세계 곳곳에서 왜 월 가 점령에 공감하는 것일까?

무엇보다 1%를 향한 99%의 분노 때문이다. 사회적 불평등과 정의롭지 못함이 극에 달했기 때문이다. 1%인지 5%인지는 중요치 않다. 이처럼 전 세계가 공감한다는 것은 미국이 주도한 신자유주의가 전 세계를 제패했었다는 증거다. 선진국과 후진국, 강대국과 약소국, 민주국가와 비민주국가의 구분 없이 신자유주의적 자본주의가 세계적 대세였던 것이다. 그리고 2008년의 금융 위기로 신자유주의를 지탱하는 보이지 않는 손인 월 가의 실체가 드러났음에도 희생도, 반성도, 징벌도 없는 불공평함에 분노한 것이다. 금융 권력구조 개편을 통해 월 가의 과도한 권력을 견제하지 못한 오바마와 민주당에 대한 실망, 그리고 '티파티(Tea Party)'*의 압력에 굴복해 길을 잃은 공화당과 의회에 대한 절망의 몸짓이기도 하다.

* 미국의 강경 보수 유권자 단체.

드디어 미국인들이 기존 정치를 불신하고 스스로 정치를 시작했다. 그들은 티파티로 대표되는 신자유주의의 마지막 발악에 맞서 어깨에 어깨를 걸고 있다. 너무나 가슴 벅차고 아름다운 장면이다. 하지만 세상의 이치는 냉혹해서, 그들이 공화당을 장악한 티파티 정도의 성공을 이루지 못한다면 미국은 한 치도 변하지 않을 것이다. 부자 감세가 중지되거나 약간 다시 오르거나 다음 선거에서 오바마가 재선되거나일 뿐이다. 이런 사실을 2008년 촛불 집회를 했던 우리는 너무 잘 안다. 2008년의 촛불 국민들은 2009년에는 조문 행렬을 이었고, 지금은 '희망버스'를 타야 한다.

흔한 말로 정치권의 위기, 야당의 위기, 민주당의 위기라고 한다. 그러나 비난은 비난일 뿐, 비난이 승리로 가는 길은 아니다. 방법은 두 가지다. 미국 티파티나 한국의 뉴라이트처럼 경선에 뛰어들어 직접 후보를 내거나 특정 후보를 지지해 정당에 영향력을 행사하는 것이다. 아니면 스스로 정치 결사체를 만들어야 한다. 물론 전자가 쉽고 확률도 높다. 비호감일지 모르지만 배울 것은 배워야 한다. 미국의 티파티나 한국 뉴라이트의 공통점은 적극적 참여와 정당과의 연계다.

우리는 미국보다 사정이 낫다. 미국보다 금융이 정치에 비해 권력이 강하지 않은 우리나라에서 굳이 증권사가 많은 동여의도를 점령할 필요는 없다. 국회가 있는 서여의도, 청와대가 있는 종로를 점령하는 것으로 충분하다.

운 좋게 내년 2012년에 두 번의 기회가 있다.
최선을 다해 참여하자.
오로지 참여하는 사람들만이 권력을 만들고,
그렇게 만들어진 권력이 세상의 방향을 정할 것이다.

2011년 10월, 김근태

하늘에 쓰는 편지

나의 짝, 민주주의자 김근태,

잘 지내고 있는지요. 오랜만에 비가 옵니다. 가을이 한 겹 더 깊어지려나 봅니다. 가을비처럼 소리 없이 깊어지는 그리움으로 당신께 편지를 씁니다.

남영동 영화가 드디어 세상에 나왔습니다. 극장이 온통 눈물바다였습니다. 남영동 영화 얘기만 나오면 당신 친구들과 후배들이 웁니다. 당신의 친구들이 말합니다. 보기 힘든 영화지만 보고 나면 힘이 나는 영화라고 합니다. 왜냐고 물었습니다. 그랬더니 영화의 주

인공이 당신이기 때문이랍니다. 당신이 이겨냈듯이 우리도 이겨낼 수 있다는 믿음, 우리도 이겨내야겠다는 용기가 생긴다고 합니다.

영화가 끝난 후 인터뷰에서 이근안 씨 얘기를 했습니다. 너무 솜씨 좋은 기술자라 그토록 고문을 하고도 김근태를 죽이지 않아서 고맙다고 했습니다. 사람들이 왜 그랬냐고 묻습니다. 영화를 보는 내내 당신의 고통이 가슴 아팠지만 이근안 씨라도 좋고 기적이라도 좋으니 당신이 작년의 위기를 넘기고 지금 내 곁에 있었으면 좋겠다고 생각했습니다. 혹독한 고문을 이겨낸 당신이 얼마나 따뜻하고 속 깊게 가족과 친구들을 아끼고 사랑했는지 그 누구보다 잘 알기

때문에 더 그랬던 것 같습니다. 고문의 고통만큼 따뜻한 영혼이 되었던 것 같아서 영화를 보는 내내 눈물을 멈출 수 없었습니다.

사랑하는 나의 짝 김근태 씨,

정말로 고생했습니다. 고문을 참느라 고생했고 그 트라우마를 사랑과 희망으로 녹이느라 고생했습니다. 남영동에서 받은 모욕과 고통을 분노로 돌려주지 않고 사랑으로 품어버린 당신, 당신은 강했고, 아름다웠습니다.

나의 짝, 민주주의자 김근태,

당신의 가을이 깊어가고 있습니다. 당신이 남몰래 지옥처럼 아팠던 가을이 당신의 이름으로 치유의 가을이 되었습니다. '김근태 치유센터'를 만들기로 했습니다. 함세웅 신부님과 많은 분들의 마음을 모아 만든 고문치유센터입니다.

하늘의 당신,

당신의 하늘에서 구름 아래 인재근의 땅이 잘 보이십니까.

당신의 인재근, 잘할 겁니다. 그리움만큼 죽을힘을 다할 겁니다.

당신의 고통이 치유가 되고,

당신의 용기가 연대가 되고,

당신의 미소가 승리가 되도록 만들겠습니다.

2012년을 점령하라는 마지막 호소가 역사가 되게 하겠습니다.

보고 싶은 당신, 사랑합니다.

2012년 10월
대한민국 국회의원 인재근 올림

하나가 되지 못하면 이길 수 없습니다

첫판 1쇄 펴낸날 2012년 11월 12일

지은이 최상명
발행인 김혜경
편집인 김수진
책임편집 김교석 백도라지
기획편집부 이재현 김미정 이다희 윤진아
디자인팀 서채홍 김명선
마케팅팀 김용환 문창운 조한나
홍보팀 김혜경 강신은 김성혜
경영지원팀 임옥희 양여진 신미진

펴낸곳 (주)도서출판 푸른숲
출판등록 2002년 7월 5일 제 406-2003-032호
주소 경기도 파주시 회동길 57-9번지, 우편번호 413-120
전화 031)955-1400(마케팅부), 031)955-1410(편집부)
팩스 031)955-1406(마케팅부), 031)955-1424(편집부)
www.prunsoop.co.kr

ISBN 978-89-7184-889-0(03340)

이 도서의 국립중앙도서관 출판시도서목록(CIP)은 e-CIP 홈페이지(http://www.nl.go.kr/ecip)와 국가자료공동목록시스템(http://www.nl.go.kr/kolisnet)에서 이용하실 수 있습니다. (CIP2012005021)